我失敗的美式生活

鱸魚的三十年日常觀察與非典型剖析

鱸魚——著

目次 Contents

逃避二十五%小費雖然會臉紅但有用

美國有個壞習慣——全世界最壞的——做什麼都要小費。

出去旅遊度假給小費就算了，至少心情不一樣。小費在美國卻已成日常，搭計程車、房間清潔、代客泊車、理髮、按摩、吃飯、喝酒……到處都要小費。在這裡活了一輩子，我還是常常搞不清某些情況到底要不要給小費、該給多少、什麼時候出手、如何給。敏感的人，尋常日子都活得提心吊膽。

餐廳內用要給小費眾所周知，大家也虛心接受，但百分比一路偷偷上漲，非美國人不清楚，經常搞得很尷尬。在全世界各地吃飯從來不必擔心小費，只有在美國，吃頓飯都可以成為精神負擔。國際慣例多半是菜單價格內含服務費或外加在帳單上，一般是十%，而且講明在先。美國三十年前的基本行情是十%，後來悄悄爬到十五%，現在最低標是十八%，平均是二十一%，只給十五%會遭白眼。如今高級餐廳不給個二十五%便不符合行情，到這類只吃氣氛的餐廳，大家都被迫大方，原本的享受成了心理負擔，只怕顯得寒酸。

如果看起來一副觀光相，再加上那張不懂入境隨俗的東方臉……我在舊金山「小義大利」被當外國人詐過，簽信用卡時剛好又沒細看，回家看收據才發現在這座東方人已經超過白人的城市裡，仍然被當作不上道的亞洲觀光客。餐廳在沒有告知的情況下，先在帳單上自動加收了十八%，帳單下方又印了一行小費欄請你填。客人常不知情又多放了二十%，而且是在已經灌過水的總額之上——連那十八%你也給了二十%小費。帳單下方那行空白是詐財欄，如果已經收了小費，為什麼還裝無辜再要小費？擺明了是賭客人粗心。

問題還沒完。暗槓的那十八%很多都是加在政府稅收的九%之上，連政府的稅收都在給小費。上述例子假設整頓飯的實質餐飲消費是一百美元，最後付的將是一百五十四美元。扣除九塊錢政府稅收，等於付了四十五塊小費，也就是四十五%，宛如銀行利滾利。

人到了美國上餐廳吃飯，記得要不客氣地仔細閱讀帳單。有些商家看準客人不好意思當面質疑，在帳單上加油添醋。如果已經加了小費，就大方用筆把詐財的小費欄劃掉，表明你知道他在耍什麼花槍。

當然，「小費」有各種不同的用字，有通俗的 tips、service charge，也有正式卻顯得險惡的 gratuity——這個字很多人不認識，以為是某種稅收。

若是裡裡外外總共四十五%的小費，服務生不會感謝你大方，而是感謝你笨。不聲不響暗槓也不是服務，是詐欺。小費是我對這個普遍來說處處誠實的國家卻有商家如此不誠實，最不了解的地方。

⁘

如果覺得對方提供服務所以給小費也算名正言順，我在曼哈頓的餐廳吃飯上洗手間，門一推開就看到一個黑人站起來向我鞠躬，立即知道上了賊船。我不在乎小費多寡，但在乎心理負擔。萬一皮夾打開裡面全是二十塊紙鈔是給還是不給？可以請他找錢給我嗎？

用完洗手間準備洗手，對方一個箭步衝上來搶著打開水龍頭，拿了毛巾噴上香水準備遞給我。任何人如果覺得這叫尊貴那是變態。水龍頭可以自己開，遞來的香水毛巾你敢用？我不了解什麼樣的餐廳會把這種封建的迂腐錯置在現今的時空，美其名叫服務、叫高級、叫尊貴，但古早的美國就吃這一套，富人願意用心理負擔和放棄隱私交換短暫又虛假的尊貴，古代人需要伺候的太多了。

我回答對方「謝謝你，我不需要毛巾」，水龍頭當然已經開了，水嘩啦嘩啦在流我只能說謝謝。對方酸我一句「感謝你這麼大方」。之後我不敢再上洗手間，那家餐廳再也不敢去。這就是美國，上個洗手間還得付出沉重的心理負擔，然後遭到羞辱，從任何角度來看這都叫綁架，不叫服務。

在只講尊貴和鈔票，其他一概不認的拉斯維加斯更麻煩，卻也是學會勢利最迅速的地方。

在拉斯維加斯搭機場接駁巴士去租車，巴士車門一開就冒出一個服務生熱誠地幫乘客拿行李，我只有一件行李仍被搶了過去。這可不是免費服務，你得趕緊找零錢。身上沒零錢的話，記得抓緊行李不要放。

早期看秀只分區不劃位，進門得找人帶位，票上頭夾著小費，金額多少將決定座位的好壞。這是賄賂，哪是服務？

看完秀在門口排隊等計程車，又是一陣翻箱倒櫃找零錢，而且得準備兩份，一份給幫你叫計程車、開車門的門僮——計程車根本不必叫，車子排隊一輛接著一輛，和桃園機場沒有不同——門僮只是很瀟灑地吹聲口哨像喚狗，揮手叫那輛原本就要上來的車子過來，幫你開個門，但塞了小費你還是得謝謝他。

第二份小費是給司機。搭計程車要給小費這件事直到今天我都無法理解，運將從頭到尾沒說一句話，很多根本不通英文，也沒有提供其他服務，但照行情就是得在車資上再加一成。你要是到了紐約搭計程車敢不給小費，將親眼目睹最美國的反應。改成Uber後，陋習並未徹底根除，App同樣會問要給多少小費。唯一不同的是不必當面表態，給少了，想罵人也罵不到。

自己開車問題並不會比較少。飯店停車場都很小，必須請代客泊車把車子一輛接一輛塞在一起。這明明是為了解決飯店的問題而不是為了我，拿車時交還號碼牌同樣得夾小費。若身上沒零錢，還得先到禮品部買一瓶不需要的水，並確保找零足夠支付小費……這統統都是算計。

••••

總之我現在學會了，在美國各地旅遊，隨時都得準備一堆零錢。但諸如此類煩惱若算在旅遊的帳上，出門旅遊就變成了精神負擔，也成了美國獨特的傳統。而在觀光區吃飯，往往還得考慮長相與種族因素。

說這話並沒有不公平，暑期打工我也在觀光區當過服務生——別小看觀光區的服務生，他們對於種族、人臉和口音的辨識超過今天的ＡＩ。當年觀光客常會「打鐵」，也就是一毛不拔的鐵公雞，服務生看到亞洲臉孔心想認了，這些人沒有給小費的習慣；看到美國內陸口音的白人，心想鄉下人不過就是十％，就給等值的服務；如果是本地的舊金山人就好好服務，為的是高人一等的小費；如果是德國口音大概就是意思一下；是法國口音那必定打鐵。有的服務生預知會打鐵，事先加個十％。勢利一點的服務生則看客人的膚色決定服務品質，如果預期小費不會好，也不必浪費時間伺候，這是投資報酬的平衡，與服務無關。

觀光客並非小氣，而是全世界只有美國有這種壞習慣。有些不知情沒留小費或不熟小費行情，被服務生追出來罵。出門旅遊受這種窩囊氣，搞得大家都勢利起來，全是小費惹的禍。今日網路發達，不知情比例大大降低，但並不代表大家不吃驚。

••••

至此講到的不管是否出於需要或自願，實質上都有若干服務在內，咬著牙就認了，這幾年卻已演化到完全沒有服務的行業也開始收取小費。

前幾天我去一家自助蛋糕店買小點心，東西很貴，每一小片蛋糕都要八美元左右，隨便挑一些就七十多塊。結帳時服務生把平板電腦轉過來問我要給幾趴，螢幕上印著碩大的選項：起跳二十％、然後二十三％、二十五％，最靠右邊一般人不會注意的地方留了一條小退路寫著「其他」，不表態拒絕就無法通關。列出來的三個選擇暗示了小費二十％是最低標準，那大約是十四美元——服務生唯一做的是把托盤裡的糕點夾入盒子。更糟糕的是，後面排隊的人都看得到我的選項，服務生也看得到，全世界都等著看我表態。我頓時成了世界的中心，就像站在舞台的聚光燈正下方，連思考時間都沒有，猶豫就表示不夠情願。過去給小費是心理負擔，現在是心理負擔加上情緒勒索。

近年美國追上亞洲的進步，美食廣場開始改用自動點餐機，自動付款、自己取餐，從頭到尾面對的都是一台機器，和買火車票一模一樣，付款時卻又跳出三個驚人的數字。同樣是斗大的螢幕、斗大的期望和斗大的社會最低標，要求你在眾目睽睽中表達慷慨。

走到這一步，無論給多少都和服務無關了，這是先要小費再執行服務。

小費的原始美意是感謝額外的貼心，是一種回饋，如果事情還沒做就先要求回饋無疑是賄賂——好吧，說好聽點叫投資。問題是，即使因為期待更多的服務而「投資」了三十％，從頭到尾看不到人也說不到話，沒人知道我是誰……我的投資哪去了？是給了沒見到面的員工？給了老闆？還是給了線上收費公司？以上全部有份。

眼下的美國，買杯咖啡、拿個外賣、買份抓了就走的三明治、用自動點餐機點餐……統統都會問小費給幾趴，起跳最起碼是十八％，最高有三十％。彷彿暗示給三成也不為過，「你不知道別人都是這樣給的嗎？」，這是把米其林級的小費標準放上了結帳機，逼人尷尬，也是今天美國雪上加霜失控的小費實況。

如此結果的背後有兩大推手。

第一是疫情期間的善意。Covid 疫情期間，大家好心鼓勵仍在工作的服務業者，搭 Uber 看到駕駛全副武裝用壓克力板把自己圍起來，冒著被傳染的風險出來維持家計總有點令人心酸，小費往往給得很高，平常不需要給的場合也都願意給。比起疫情之前，全美小費總額高出了四十六％。這是善心。

但疫情過了，日子恢復正常，收費全面電子化，善意卻納入了正軌成為常態。美國到處都開始要小費，歷史上那些從來不需要給小費的場合，現在也勇敢地向客人暗示給小費，好像自古以來人類就這麼大方。

第二是線上付款公司的操弄。二〇二二年美國主要線上收費公司業績平均成長三十%，是疫情最大的贏家。在矽谷拿最低工資根本無法生活，商家用最低工資招募員工，利用科技和人們的善意貼補過低的工資，把成本轉嫁給客人，然後稱之為小費。

⋯⋯

小費給不給或給多少，應該都出於自願。

以前買杯拿了就走人的咖啡，旁邊有個小費罐，你可以給——通常就是把找零放進去，也可以裝作沒看到。坦白講，倒杯咖啡旁邊還放個小費罐已經不正常，同樣都是星巴克，只有在美國的有這種期望。但好歹那是被動，不想給就裝沒看到，現在卻是逼你表態，用那種很高很假的道德數字，放在最容易選擇的地方，強烈暗示應該給多少。不想給還得主動表態。靈長類的常情不是不理會就表示不願意嗎？

英國《每日郵報》報導，馬里蘭州的蘋果專賣店曾經提議結帳時加收小費，幸好被總部擋了下來，不然以後連買電腦都會問要給多少小費。再這樣下去，是否連7-ELEVEN都要開始收小費？小費的禮數界線在哪裡？

會走到今天這一步，其實和美國的文化與歷史有著深遠又錯綜複雜的關係。部分原因是美國靠奴隸起家，小費制度是奴隸制度的延伸。與其說是感謝，不如說是上對下的犒賞。原始的小費制度和「階級」緊緊綁在一起，直到今天都沒有鬆綁，只是人們忘了。

畢竟如果是感謝對方提供了服務，銀行櫃檯不也是服務嗎？為什麼沒人給小費？因為行員和你平等對立。看醫生不也是服務嗎？你敢給小費嗎？醫生的社會地位比你還高。

若區分得細一點，需要給小費的多半是「服侍」，而非服務。從理容、按摩、端酒、上菜、開車、開門、拿行李、清潔……都屬於服侍類，這些工作在十九世紀由奴隸無酬服侍貴族，打一開始就存在著階級。黑奴解放後，大批勞工湧入服侍市場，奴隸升級為付費僕人，但雇主不願付工資，改以打賞補貼，成為今天小費制度的起源，這也是為什麼歷史上的服侍業都是有色人種。直到今天，全美國靠小費維生的，仍有五成是有色人種，七成是女性。在美國混了這麼久，我從來沒看過白人在旅館清理房間。服侍業把感謝和沒人敢說的「階級」綁在一起，才是原始的小費精神。

當然，演變了一百多年，服侍與服務的界線愈來愈模糊，餐廳服務生早已什麼人種都有，只不過頂級餐廳服務生大部分仍是白人。這類餐廳的標準消費額每人一百多美元，小費近三成，造福的主要仍是白人服務生；反之，低消費的餐館服務生多半仍是有色人種，拿的是低消費下的低小費，形成前者為厚重的感謝，後者仍然只是犒賞。

…

近幾年小費制度在美國掀起極大爭議，舊金山已經出現了免小費的餐廳想對抗陋習。小費應該正名為服務費，就像台灣和歐洲一樣。正了名就該納入標準收費，不應該再仰賴服務內容與餐廳等級。標準化才能擺脫階級優勢的嫌疑。

就像那位一坐下來就看著我的眼睛說「我給小費很大方喔」的客人，似乎等著我接話「我會好好伺候您」。在他眼中我看到優越，他等待的是低聲下氣。小費制度真的只是出於感謝的話，和他那句話根本搭不上，和我的感覺也對不上。那一刻我比他低了一等又必須在乎犒賞，還得回以虛假感激的眼神。這回經驗讓我自此牢記，永遠不要去羞辱一個需要錢的人。那真的很殘忍。

此外，即使小費的定義應該只是感謝，但並不是每一個客人都這樣詮釋。給多少要看他，那一刻他握有最高權柄。打賞的人是大爺，不分時代。打賞能享受瞬間的優越感，有人進了餐廳就大方起來，把階級對比襯托得更強烈，這是他唯一短暫的舞台。

當然，也有人利用這機會，用最原始裸露的方式表達那短暫的優越：給多少、給什麼、怎麼給，都在他……我仍然記得那桌客人走的時候留了很多錢，一大把放在杯子裡的一分和五分零錢，杯裡還有沒喝完的水。那是蓄意的，不會有人沒事帶一大把零錢放在口袋裡，再重一點褲子就掉了。有些人就要展示那一刻他高你一等，女性工作者八成也都受到過客人的言詞性騷擾。

別以為類似情事二十一世紀不會發生，相信我，餐廳每天都發生。新聞報導疫情期間有客人要女服務生摘下口罩，看清她的長相才決定打賞數字，女服務生為了生活照做了。對某些客人，服務生應該提供的就是低三下四。

小費制度是陋習，失控的小費是失控的陋習。標準化改為服務費後，誰也不比誰高等，誰也不必羞辱誰。至於線上收費公司利用善心到處蒐集小費，就讓歷史大方淘汰他們，那根本是偷搭便車，本來就打算下一站要下車的。

還在念書時同學回台過年，請我代班毒品交易區小旅館的大夜班櫃檯。

第一天上工凌晨碰到一個墨西哥人摟著肥胖的白人妓女開房間。小旅館只收現金，他拿出一疊大鈔說自己很有錢，就和電影裡微醉的鄉巴佬一模一樣。拿到鑰匙後他賞了我五美元，猴急地上樓了。

十分鐘後，女人提了一包東西匆匆下樓離去，隔沒幾分鐘，墨西哥人全裸衝下來，問「那條母狗往哪個方向溜？」，我說她出了門右轉。

他剛跑出去又回頭跟我要了一條毛巾，連五塊錢小費也要了回去。冬天舊金山夜晚只有攝氏幾度，那個只圍一條毛巾的蠢蛋衝出門後再也沒回來。直到今天我都很想知道故事的結局。

第一次拿到的小費過了個水，就這麼飛了。

原來財不露白的古訓，並非每個民族都知道。

你說的是哪一個「美國時間」？

美國長得像一塊帶骨頂級肋眼牛排，骨柄是佛羅里達，右上角的緬因州是一塊滑溜溜的肥油，吃的時候第一刀一定從加州下手……做過此類聯想的話，你肯定也知道這塊牛排橫跨了四個時區。如果把夏威夷和阿拉斯加算進去，美國五十個州一共橫跨了六個時區。不過，除非必須同時和來自美國不同時區的人開會，美國之外的人在「時區對工作的影響與困惑」這件事情上，大概不會有太深的體驗。

開線上會議時順口說句早安，這是美國最標準的打招呼方式，認真或敷衍、認識或陌生，都很好用。說完卻立刻發現我闖了個小禍：線上六個人只有三個人是早安，一個是午安，另兩個以色列的是晚安。常常，你不知道其他人當時在世界哪一個角落，這不可能、也不是在美國工作才會碰到的獨特問題，所以最穩當的線上招呼是Hi。

拋開只能躺在沙灘曬太陽的夏威夷和只能在壁爐邊取暖的阿拉斯加，大科技公司多半是全美四個時區同步工作，作息跟著總部走。如果總部在加州，東岸同事的行事曆整個上午都空白，下午到晚上九點則排滿滿，代表著不可能出去吃晚餐、看電影，甚至跟家人吃頓晚飯都不容易。總部在紐約，加州同事的行事曆從早上六點一路開展直到下午三點。我有一位車友就是如此，約他騎車超豪爽，任何一天的下午兩點半後皆可。矽谷夏天九點天才黑，上班日去騎車竟然能有六、七個小時，還不會耽誤工作！

若說跨多時區工作是「美國時間」的挑戰，而且是必然，「日光節約」無疑是節外生枝的混亂插曲，落井下石之首。另一雪上加霜而鮮有人知的是，散布在全美各不同時區的網站伺服器要如何定時。下面一一列出讓你困惑。

⋯

所謂的日光節約時間，就是每年三月第二個禮拜天凌晨兩點要把時鐘撥快一小時；十一月第一個禮拜天凌晨兩點再往回撥一小時。美國人稱之為「Spring forward fall back」（春進秋退），春天進一步，秋天退一步。

美國是高緯度國家，夏天日照比較長。六月底的舊金山晚上九點才天黑，吃晚飯得戴太陽眼鏡，飯後去爬個山都來得及。日光節約時間的原始目的便是希望節省一小時照明能源。美國自一九一八年起由各州自行決定是否採用日光節約時間，一九六六年國會通過統一執行。

為什麼是凌晨兩點？很自然會想到是為了降低對作息的影響。這個答案對了一半，因為大可訂在午夜或凌晨一點，真正的原因第一個是凌晨兩點是紐約唯一沒有火車離站的時段，第二個則令人下巴應聲墜地：兩點是酒吧必須打烊的時間——在美國，酒吧的作息大到沒人敢打擾。

當然，一切都有例外。即便國會通過，全美國五十個州仍有兩個州不必遵行日光節約時間，也就是夏威夷州和亞利桑那州。原因很簡單，夏威夷的緯度和台灣差不多，晝夜差別不大；亞利桑那州氣候炎熱，夏天平均攝氏四十二度，過往冷氣無法定時，撥快一小時會讓人開著冷氣就寢，反而浪費更多能源。

你也許奇怪同樣是高緯度國家，為什麼幾乎只有北美和歐洲採用日光節約時間，那當然和作息有關。一九一八年歐美已進入工業化時代，朝九晚五人口大量增加，世界其他地區仍處於農業社會，太陽是唯一標準，時鐘對作息沒有意義。一九一八年至一九六六年間美國的農業州一直抗拒日光節約時間，也是出於同樣原因。

⋮

近年反對日光節約時間的聲浪愈來愈大，因為這條百年古董法條帶來的不便與問題，已經超過了初衷的好處。現在七十一％美國人都希望廢除這一項法令。令人憎惡的其實並不是日光節約時間本身，而是每年兩次的時間切換。

遊戲規則是這樣訂的：春進那天時鐘於凌晨 01:59:59 的下一秒就跳到 03:00，中間的 02:00 到 02:59 消失不見，宛如從沒發生過，那天只有二十三個小時；秋天回撥那天 01:59:59 下一秒又回到 01:00，凌晨一點到兩點有兩次，那一天有二十五個小時。同樣的時間走兩次，如果剛好在那時發生重大事件，第二天早上全世界不混淆才怪。好吧，混淆也就算了，如果在那一個鐘頭之內必須做重大改變，甚至可能因錯亂而造成災難。

更改時間那天，所有鐘、錶與汽車上的時間全部要調整，算算家裡、車內全部需要調整的鐘或錶一共有十個，汽車的時間調法各有不同，還得參考手冊，每年兩次很是煩人。家裡的鐘如果掛在牆上則得動用椅子或梯子，比如我家。我也認識為了調時鐘從椅子上摔下來的人。獨居老人可能因此選擇永遠不調，一年有一半時間活在相差一小時的房子裡。

不久前開老婆的車子去辦事情，赫然發現一小時後和人相約快要遲到，困惑之餘比對手機，發現是時鐘沒有回撥，快了一小時——四個月前該切換那天老婆弄了半天不知道怎麼回撥只好放棄。想幫她調回去，想想馬上又要換了，不如將錯就錯。這種事我相信全美國每一個家庭都發生過。剛切換的頭幾個禮拜，差不多一半的車子裡時間都是錯的，商家或公家機關也有一大堆錯誤的時鐘，也有人一直錯下去等待回歸正常。

沒有手機的時代如果又不跟外界接觸，有可能過了一整天都不知道切換了時間，這是為什麼時間切換選在禮拜六夜晚的原因——至少你有整整一天可以發現錯誤。禮拜天一早仍須開門的商家則沒有修正機會，很可能晚了一個鐘頭才營業，在店門口看到一堆憤怒的客人。剛好在切換第二天一大早要趕飛機，我相信一定會有人誤了班機。

不過這些都是小事，和就寢前忘了把時鐘撥快導致星期天起來誤了事一樣。但是，每年進入日光節約時間頭幾天心臟病突發的比例增加二十四%，車禍也因為少一小時睡眠而增加，工作受傷和自殺的比例同樣隨之增加，那天晚上必須工作的人則少了一小時工資……統統都是意想不到的代價。

••••

日光節約期間公認的好處是犯罪率減少。畢竟天黑不久就得就寢，靠黑暗吃飯的歹徒少了一小時珍貴的時間資源。另一個插花式的好處是夏天可以延長消費時段，讓信用卡消費增加一％。此外，戶外運動的時間也增加了，這對全民健康當然有益。盛夏期間我就常騎登山車上山看夕陽，回到家才發現馬上就得睡了。

秋天回撥的那個周末大家則是有「賺到了」的快感，很多人趁機開趴。我們樂團辦過舞趴，快結束時突然宣布今晚時間回撥，派對延長一小時，台下一陣歡呼。明明不過是把上次虧的補回來而已，人類就是這麼健忘。

⋯

對ＩＴ產業來說，跨時區的「美國時間」是更艱難的挑戰，日光節約時間則格外令人頭痛，資料中心尤其面臨獨特困擾，那就是該如何「定時」。大型科技網站每一家都有散布在各地的資料中心，如果時間跟著時區走肯定天下大亂，伺服器時間會因地而有所不同。這方面不能民主，時區必須統一。可就算解決了時區差異，日光節約的問題仍無法解決。

大家都知道電腦內部有計時器，只要設好時區，作業系統的內建功能會自動配合日光節約時間。但這自作聰明的小忙卻給資料中心帶來了大麻煩，春進那天凌晨 02:00 到 02:59 期間，所有預設應該執行的程序都會被跳過；秋天回撥更糟：那天同一程序將執行兩次，鬧得天下大亂。想想，你可能買了一樣東西卻付了兩次錢。此外，所有累進性數據因為少了一小時或多了一小時，一年便有兩天的錯誤，造成模型預估錯誤。

為了避免上述災難，雖然資料中心沒有一個真正蓋在亞利桑那州，我們把所有資料中心伺服器全設定為「亞利桑那時區」，以保持永遠不受日光節約時間影響，讓全美國的資料中心電腦同步。不遵行日光節約時間的亞利桑那州成了黑暗中的燈塔。

不過問題又來了，我們辦公室在加州，夏令時間和亞利桑那州同步，非夏令時間差一小時，代表加州辦公室的桌上電腦、筆電，與資料中心伺服器看季節可能同步，也可能差一小時。記錄事件的圖表依工具不同可能產生兩種情形：時間軸直接來自伺服器，這沒問題；若使用終端筆電時間軸，顯示的將是所在地時間而非伺服器時間，把人搞得暈頭轉向。我已經不知道多少次在調查問題時弄錯時間，在差了一個小時的系統紀錄裡拚命找尋答案。那可不是件小事，系統每五秒記錄一次，每次數千個參數，要先找到問題發生的確切時間點，才能在龐大的參數中尋覓嫌犯，若時間落點錯誤，後面全白幹。

另外，美國還面臨獨特的橫跨四個時區同步工作的問題。團隊裡四個時區都有人工作，最常連線的同事在東岸，我們每天都開線上會議追蹤問題，以下就是一個時差和日光節約時間狼狽為奸造成困擾的典型實例。

太平洋標準時間早上十點資料中心發生重大問題，所有伺服器因為採用亞利桑那時間，紀錄顯示是十一點，但加州監控中心圖像曲線顯示是十點。我和那位東岸同事開會研究事件曲線圖，他分享螢幕，曲線座標是他的筆電時間（美東時間），由於東西岸有三小時時差，同一事件在他的電腦螢幕截圖上看到的是下午一點，若截圖放入E-mail時間就完全錯誤。用我的筆電截圖也是錯，只是錯得不一樣。標準做法是不管人在天涯海角，嘴裡談的都是亞利桑那時間，圖表時間郵戳不合，記得在E-mail說明——很少人記得這麼做。大部分人都在心中自行轉換，美國人心算爛只能吃悶虧認了。碰上新進人員往往搞得滿頭霧水，大家只能在遠端暗自同情。

事情還可以變得更精彩。如果事件是在日光節約時間前一天發生，討論時已經進入日光節約時間，會議上一來一往核對時間參考點會讓所有人都抓狂。如果需要參考多年前的事件而案發時間又接近日光節約時間，由於美國的日光節約時間開始和結束並非固定日期，還得先上Google查詢某年某月某日到底是不是日光節約時間。

我這一行有點像偵探，有時候終於找到兇手，正要分享重大發現，才想到時間差了一個鐘頭，抓錯人，原本準備好要喜極而泣的情緒瞬間被打臉潑了盆冷水。這種因為日光節約時間造成的職場心靈傷害，年年重複上演。

事情尚未落幕。客服是一套獨立運作系統，其伺服器雖然也設在相同的資料中心內，卻設為格林威治時間，原因是全球性客服中心是跟著太陽走的行業。畢竟全世界有一半的國家遵行日光節約時間，開始和結束的日子卻各有不同，幾點切換也不同，最簡單的做法就是客服資料永遠定位在UTC（等同於格林威治時間）。但如此一來，調查客服方面的問題時，必須牢牢記得客服伺服器和其他伺服器相差七小時，和加州監控中心差八小時，加州進入日光節約時間時則相差七小時——如果你說搞懂了，我不信。

對了，實際情形有可能更加複雜。亞利桑那州雖不遵行日光節約時間，州內的印第安保留區卻遵循日光節約時間，一州兩制。還好我們沒把資料中心設在印地安保留區內，也沒聽說有同事住在那兒。如果有人趁疫情偷偷搬去遠端工作，可能發了瘋也不敢說。

最後在這筆混亂上再插花攪個局。如果你在夏令時間去大峽谷可能會一頭霧水：大峽谷國家公園位於亞利桑那州，所以不遵行日光節約時間，可是知名景點「天空步道」（Grand Canyon Skywalk）卻遵循日光節約時間，是「一峽谷兩時區」。原因是天空步道在西大峽谷「華拉皮印地安保留區」內，不屬於國家公園也不歸亞利桑那州管轄。曾在網路上看到歐洲遊客訂了三張天空步道門票，千里迢迢趕去卻晚了一小時，打烊了，一生也許最難忘的日子就這麼給糟蹋了。

⁂

關於一九六六年設定日光節約的原始初衷，現在發現因為LED燈泡的發明，對能源節約其實微不足道。弄得這麼麻煩、兜了這麼大一圈，節約的能源只有〇．三六％，所以每年春天日光節約時間都被搬出來討論，大部分美國民眾都支持廢除「一年轉換兩次」。加州二〇一八年公投也有六成民眾支持「不要再更改時間」，這不代表要廢除日光節約時間，而是怎麼做都可以，不要換來換去就好。二〇二二年參議院修改了陽光法，永遠採用日光節約時間，但法條卡在眾議院，目前只能繼續跛著腳遵循日光節約時間，很多人仍然一頭霧水。在美國，修法和執法是兩回事。這也是這個國家為什麼缺乏效率的原因之一。

未來最可能的走向就是永遠採行日光節約時間，亦即鐘不必再調了，夏天還是得戴太陽眼鏡吃晚餐。

行文至此，還有三個痛苦日子又要「春進」了，我不在乎這個周末少一小時睡眠，只期望筆電時間、手錶時間、資料中心伺服器同步就好；我只期望當保羅請我調查昨晚十一點的網站問題時，不必追問他是手錶時間還是伺服器時間——不過這話也只能冬天問就是了——然後他回答「喔好問題我也不知道，讓我再問問監控中心」；我只是不想在一堆比山高的紀錄堆裡找到嫌疑犯時，又被一小時的誤差潑一盆冷水。破錯案很丟人。

面對選項，美國人是在要選的地方打 ×。需要填入內容、要簽名、要填日期的，也都是打 ×。

去申請福利，社工遞給你一大堆印得天花亂墜的表格，每一項都讀可能要幾個鐘頭，好心的社工會在需要注意或填入的地方，用筆打個 × 提醒。別搞錯了，那是要你注意、要你填入，而不是叫你跳過。

為什麼用打 × 代表「要」呢？

因為以前打字機上沒有打勾的鍵，要做明顯的記號，字母 × 最醒目。

但也得小心，在其他場合，× 代表的仍是「不得……」，別吃了罰單還一頭霧水。

古代有祕書這種職位，幫忙收發信件、安排會議，團隊祕書辛蒂坐我隔壁，那天突然尖叫。我衝過去，她說有一隻蜘蛛，指著桌上那盆萬年青尖叫。

在台灣打蟑螂、打蜘蛛都是用拖鞋，我沒有拖鞋，總不能脫了登山鞋，萬年青也沒法打，很棘手。

我說我馬上回來，想衝到桌上抓張衛生紙。辛蒂下一句話卻說，老天，她生了小蜘蛛，好可愛。

直到現在我都慶幸當時慢了一步，不然絕對活不到今天。

最後我陪辛蒂很興奮地對著萬年青不斷誇讚「好可愛、好可愛」，心裡想的是好險，好險。

剛下船嗎？我們公制和英制都有

人生第一輛車是在美國買的十年老車，也是第一次和印度人交手。試車時聽到隱隱有煮排骨湯的聲音，對方拍胸脯保證很正常。開價兩千美元我回了個根本不想要的一千三，印度人卻像照顧故鄉小老弟一樣豪氣答應，我開始後悔，卻也因此學會了修車，並因為修車認識了一國兩制的美國。

排骨湯聲音來自汽車水箱，距離短沒事，長一點就會沸滾，再下去就會出現噴泉。想看噴泉開個十公里就行，難怪試車時只開了兩三公里印度人就問我有沒有興趣。

我知道不可能送修，勇敢地買工具買水箱打算全部自己來。工具不便宜，七十美元是那時好幾天的生活費。施工時發現扳手套筒比水箱螺絲大一點點，小一號又套不上去，當下只覺得奇怪沒有懷疑。勉強用大一點點的套筒試圖把螺絲轉鬆，結果滑牙拆不下來螺絲也毀了。

回到材料行詢問老闆，他問什麼車？我說德國福斯。他又問扳手呢？我把工具給他看，老闆用那種看外星人的眼光開了口：「那是給美國車用的，你需要公制的工具。」一工具買了不能退，我只好再買一套公制的，又一個禮拜飯錢就這麼飛了。

我問老闆怎麼區分，他再次用看外星人的眼光看著我說，上面寫幾分之幾吋的是英制，幾毫米（mm）的是公制——這我聽過，那是故鄉的制度。

後來我買了一輛更老的雪弗蘭二手車，從頭到腳都是英制，七〇年代產物，那時的美國仍然是純種英制國家。

畢業後把那輛令我受盡折磨的德國福斯換成了福特野馬，很酷的跑車。有趣的變化出現了，跑車是公制英制混合。野馬在美國製造，為什麼會出現混血？七〇年代的雪弗蘭又為什麼是徹頭徹尾的英制？那今天買野馬又是什麼？難道美國人不頭昏嗎？他們到底要英制還是公制？

⋯⋯

現今全世界官方仍然使用英制的國家只剩下三個——抵死不從的三個。千萬別猜英國，罪魁禍首本人早在一九六五年就已從良。沒錯，很多國家都有私藏的度量衡，但我們談的是制度面。比方在台灣，如果向豬肉攤老闆說麻煩切六百七十公克豬肉，連一旁昏睡的土狗都會抬頭看看你是何方神聖。

想認定一個國家採用什麼制度，看加油站就能找到答案，那是中央認定的標準：是公升就是公制，加侖就是英制。那三個絕無僅有的英制國家？答案是緬甸、利比亞和偉大的美利堅合眾國。緬甸和利比亞和世界沒什麼關係，要怎樣隨他便，世界第一強國抵死不從問題就大了。美國可是世界最大消費國，也是最大生產國。

•••

先釐清何謂英制。也就是長度用英里、碼、英尺、英寸；重量用噸、磅、盎司；容積用加侖、夸脫、盎司。不，我沒寫錯，出現了兩次盎司是因為可用在重量也可用在液體容積，明明是兩碼事。還有，「噸」是「美噸」，不同於英噸，也不等於公噸。美國人不怕世界亂，就怕自己沒舞台。人到了美國，怎能不瘋狂？

英制溫度用的是華氏——為了美國而存在的「華氏」，這是最荒唐的。不久前我去加州死亡谷（Death Valley），那時剛從台灣回來腦子還很清醒。地球有紀錄以來最高溫就在死亡谷，攝氏五十六．七度，合華氏一百三十四度。在旅館吃飯時經理過來寒暄，聊到死亡谷氣溫，我說五十六度真不可思議，看他一臉茫然我加了「攝氏」兩個字，他還是一臉失落，彷彿不懂那個字和溫度有何關係。困惑了兩秒，經理突然從夢中驚醒，喔你指的是一百三十四度，連「華氏」兩字都沒說，意思是天下只有一個標準，全球六十五億人的共識對美國民眾根本不存在。若冬天前往美國旅遊，聽到氣象預報明天零度以下務必小心注意保暖，那個零度是華氏，合攝氏零下十八度，會錯意凍死可不干氣象預報的事。

英制最基本的丈量單位「一英尺」（one foot）源於男人腳的長度，也就是三十．二十五公分的荒唐。美國人的腳就和兔子一樣又細又長，東方人買鞋得買加寬的。東方人穩當可靠沒別的，就因為腳寬。上述兔腳已是改良版，古代西方人的腳原來和袋鼠一樣長。

英制不是十進位，也沒有一定法則。從一英尺往上推，一碼等於三英尺，一英里等於一千七百六十碼；往下推，一英尺等於十二英寸。上述四個丈量單位共存於同一體系，彼此之間完全沒有共同進位的合理關係。課堂上老師問一英哩等於多少英寸，肯定鴉雀無聲。

英制的長度最小單位只到英寸，再往下就沒了。以前在台灣被問身高，我說一百七十四，非常直接，現在雖然縮成一百七十三仍實報實銷，到了美國卻變成「五呎八又八分之五吋」，吃了點虧但接近良心數字。這方面美國人挺大方，零頭向來丟棄不要，每次到診所量身高，雖然吸足了氣把腰桿撐得筆直，護理師還是說我五呎八吋，後面的八分之五吋就算了，那可是一點五公分的虧。在美國，身高都是論整數，比方 five-ten 或 five-eleven，零頭統統不要，與其說是對身高大方到不在乎，不如說度量衡粗糙又非十進位，唸出來太累人。

一英寸大約是二．五四公分。想想看把這最小單位用在精準的機器上怎不令人抓狂？把文章開頭害我螺絲滑牙的英制扳手套筒全部攤出來，會看到從1／4吋、3／8吋、1／2吋、3／4吋、3／16吋到1／8吋都有，全數以1／4為單位，而不是以小數表達，這是因為英制的長度是十二進位。在美國，你不會聽到四．二五吋，一定是四又四分之一吋，否則沒人懂也沒人理。去木材行想裁四．三五吋寬的木板？老闆會白你一眼，問你是要四又四分之一吋還是四又八分之三吋，要求你選邊站，只不過兩者都不是四．三五吋。

用英制表達厚度同樣不可理喻。登山車煞車碟磨到一．五毫米就得更換，英制是〇・〇五九英寸，有那等閒工夫和儀器你自己慢慢量唄。再者，火星塞點火間隙是四十分之一英寸；輪胎溝槽至少要三十二分之一英寸深……這些考駕照都會考。美國人數學就是差，偏偏搞些無法理解又讓舌頭打結的數字折磨自己，且這標準竟在美國存活了幾百年。

讀過一篇偉大的報告說，美國人數學爛是因為數字英文字唸起來太長。每次美國人唸到像是三十二分之一吋這種數字，我腦子總是一片空白。另一個屢試不爽的是跟美國人講十碼手機號碼，一定要三碼一組分開唸，重複N遍才可能記得住。同樣的號碼用中文說從不需要重複，無論唸多快都能接招，不但流利複誦，反過來背都行。

英制重量的「磅」在古代歐洲各有不同定義，有些用小麥的重量衡量，有些用銀幣。隨著美國獨立，這筆混亂也來到了新大陸，磅的定義因州而異。打混近百年後因為跨州交易太多紛爭，才於一八六六年制定統一標準，也就是一磅等於〇・四五三五九二三七公斤。你問既然世上已有「公斤」為什麼不趁機改成公制？幹嘛費工夫統一「磅」？國會確實提出了，但人民太保守，提案被民粹操弄——那時美國已是極度民主的國家，沒人敢對抗民意，改變既有的度量衡。

重量的進位往上，兩千磅等於一美噸；往下，一磅等於十六盎司，同樣不是十進位。至於容積，那又是一套不相干的獨立單位，進位也不同。一加侖等於四夸脫，一夸脫等於三十二盎司。看到沒？上述兩種盎司看場合，意義不一樣，猜謎語似的。一加侖是將近兩個大瓶可樂的概念，是容積的最大單位，所以你會聽到「我家游泳池是一萬六千加侖」這種只有美國人和外星人才了解的敘事方式。

⋮

接下來簡單談談我們熟悉的公制。

公制最重要的衡量其實只有一項，那就是「公尺」，其他都是推算出來的，全部都是十進位。人類採用十進位唯一的原因是有十根手指。美國人的手指頭和我們一樣多，偏偏要採用不是十進位的度量衡且沒有一致性。

一七九一年法國決定推行新的度量衡標準，制定一公尺的定義是「從北極穿過巴黎到赤道的一千萬分之一」。那只是大概長度，沒人知道到底多長，是先下定義再確定實際長度。那時花了七年實地測量，得到了一公尺的確切長度。由於是十進位，上至公里下至公分都可用「零」補位，一切符合人性。重量、容積都由「一公尺」推算。邊長一公尺的方塊裝滿水的重量就是一公噸，邊長十公分盒子裝滿水是一公斤；盒子容積是一公升；邊長一公分的方塊裝滿水重量是一公克，容積就是一西西，統統都以一公尺為基礎，方便又完美。

公制十根手指可以無窮推演下去，正因如此，今天我們才能談論奈米晶片和以毫克為單位的藥物。兩百年前沒有這些單位，全部都是配合需要推算出來的。畢竟如果用一個男人的臭腳丫為基礎又非十進位，往下推了一級就沒有更小單位，必須講求精確時要如何表達？美國必須追上精準又不願放棄傳統，最終被迫走入一國兩制的深淵。

雪上加霜的另一重要關鍵是全球化。

七〇年代前的美國一直關著門享受獨特的度量衡，使得我那輛雪弗蘭徹頭徹尾都是英制。八〇年代開始步入全球化，同一輛雪弗蘭很可能車體和引擎是美國製，其他配件來自海外，包括台灣，所以我那輛野馬是一國兩制。

你問生產線為何不改成公制？答案是太昂貴。要改度量衡就必須改變機器，這巨大的投資需要長達二十年轉換期，國際化於是成了重要推手。機器老舊必須更新時，車廠為了和國際接軌，新一代自然是公制，所以西元二〇〇〇年以後生產的美國車從頭到腳都是公制。

哦，也不是，今天在美國買到的不管任何廠牌車都是「一車兩制」，我忘了儀表板上的車速錶和里程錶仍舊是英里，油箱容量依然是加侖。工業面仍然必須低頭配合生活面。

⋯⋯

除了汽車製造業，國際化也順手改變了美國的學術界、電子業、科技業和醫療業。今天美國所有藥品都以毫克為單位，包括毒品。毒品一直是忠實的全球化商品，毒梟採用公制，街頭買毒品向來以「公克」為單位，開口說想買一盎司海洛因可能會有生命危險，毒梟會懷疑你是剛出道的臥底。

生活面上，一國兩制同樣在貨架共存。超市裡頭你會看到牛奶論加侖，旁邊的可樂卻論公升；同樣是酒類，葡萄酒論毫升，啤酒卻是盎司。為什麼？因為乳製品和啤酒多為內銷，葡萄酒和可樂則國際化。可口可樂寧可讓美國人困惑也不願失去國際市場。

即便是純內銷，若是針對特定市場，兩制也會手牽手現身同一張標籤。好市多的豆漿是三十二盎司／九百六十毫升，也許他們知道亞洲人喜歡喝豆漿。不過這其中又有貓膩，從數字可以看出生產線是公制或英制。上例因為是三十二盎司很顯然是英制，公制的話應該是一〇〇〇毫升。說穿了是改面子不改裡子。

另一獨特例子是軍方。美國軍火一直是英制，所以才有四五手槍、三八左輪、五〇機槍這種軍火名詞，指的是口徑〇．四五英寸等等。二戰後美軍改為公制，原因當然是為了全球化的軍火生意，從善如流無非是為了配合國際市場，總之槍枝也是一國兩制。

美國被迫改的都改了，剩下可以關著門享受腳丫的自然不會改動，建築業就是血統純正的英制。去建材大賣場走一圈，木材都是幾吋乘幾吋、幾呎乘幾呎；土石是論磅包裝；門窗是幾呎寬幾呎高；捲尺仍舊只有英寸刻度，彷彿公分從來不存在，在那裡提起公制會遭白眼。此外，高速公路限速以英里計，也會看到下一出口距離1／4英里之類的標示，全世界獨一無二的美式加油站那就更不用說了。

⋯⋯

加拿大同樣承襲了英制，和美國是孿生兄弟。為了邁向國際化，美加兩國同時在一九七五年推動公制，加拿大成功了，美國卻徹底失敗。原本一八六六年會是美國推行公制的首次大好機會卻白白錯過，原因是美國工業化起飛得早，機器都以英制為標準，翻身不易。拖了一百年直到一九七五年，政府意識到美國與全世界背道而馳，再次推動改革，卻因排山倒海的反對而徹底失敗。美國政府毫無準備也沒有先教育國民，反觀加拿大，早在六〇年代就從教育著手，讓國民習慣另外一套制度，準備了十五年才出手。此外，七〇年代的美國正逢盛世，要它改變配合世界無疑是羞辱大美國主義，這一回，再度錯過。

一九七五年失敗後，美國死心塌地追隨英制。八〇年代興起全球化貿易，美國貨不再全是美國製，美國人家裡的東西有一半來自海外，用的也都是公制。本地生產不打算和國際接軌的就用英制，比方餐館裡的牛排，菜單上寫的是盎司，同一塊冷凍牛排賣到台灣標示卻是公克，美國就此陷入一國兩制永不翻身的窘境。

⋯

一國兩制在生活面混亂久了也就習慣了，若帶入科學面卻可能釀成災難。美國的確學到了慘痛教訓，還是NASA學到的。

一九九九年，萬人期待的火星氣象探測器在飛行九個月後進入火星大氣層，卻因角度略微偏差而焚燒墜毀，原因就是一國兩制：推進系統是英制，導航系統是公制。當然，NASA並非白痴，早就設計好一套轉換公式，可是在精密科學上，一個除不盡的數字後面若干小數四捨五入也會造成微差，而這小小的偏差造成了一億兩千萬美元的損失，也在全世界面前丟了個大臉。事後科學界再度呼籲全面改成公制，仍舊杯水車薪。

航空業通常最後才改制，為的是追求成熟穩定。一九八三年加拿大航空一架波音七六七班機改公制後，因油料計算人為失誤，飛到一半就沒油，最後靠著滑翔力緊急迫降臨時機場才避免一場災難。這件事讓人們認識到，即使微小的改變都可能造成悲劇，也讓更多美國人堅持不改。不過我也常想，同樣一架飛機在美國起飛，加燃油的系統想必是英制，到了台灣再飛回美國，加燃油想必是公制……你美國難道就不能委屈一下，配合改成公制嗎？

⁂

然而，美國生活面的確緩慢改變著。全美超市的營養標示早已是公克，美國人並沒有崩潰。講到汽車引擎從善如流說：「哇！五千西西八缸引擎，好酷！」三十年前同樣的引擎他們會說三〇四立方英寸，當時如果你說西西，人家會以為那是你前女友的名字，話題會中斷三秒然後改談天氣。不是我偏心，用立方英寸來形容引擎實在很不酷。

公制化是遲早的問題，但美國人抗拒心強，無法勉強，就和口罩一樣，只能潛移默化讓他們受點罪再慢慢改。現今美國的中小學雖然已經開始教授公制，仍舊是蜻蜓點水，為的是配合科學課程。出了教室、離開科學界，日常生活依然沉醉於英制。去酒吧點一杯生啤酒，酒保問要十六盎司還是二十四盎司，隨便選一個就好，不要問十六盎司多大杯，太引人側目。

追溯源頭，美國建國之初，原本有一次真正的大好時機可以引進公制，當時尚未工業化不會有阻力，哪知英國海盜殺出來惹了禍。一七九〇年美國第一任國務卿傑佛遜建議採用法國甫出爐的公制，國會於是邀請法國科學家杜貝（Joseph Dombey）帶著一公斤的標準圓柱體出訪美國，船隻卻被強風吹向加勒比海並遭英國海盜劫持。杜貝在島上囚禁終身，那顆標準圓柱體從未抵達美國，從此美國一心一意擁抱既有，航向未來。

隨便買一樣日用品，如果夠無聊，你可以仔細欣賞使用手冊的白痴警語。

比方買個熨斗，除了必須插上插頭、必須打開開關等入門級廢話，讓人噴飯的警語更多，像是電線不可以繞在脖子上、衣服穿在身上時不能燙衣服等。

牙膏警告這不是食物、清潔劑警告空容器不可以盛裝飲料、牙籤警告不能挖耳朵、嬰兒服警告洗衣服時不可以連同嬰兒一起洗、梯子警告酒後不得使用，嬰兒推車警告折疊時要確認嬰兒不在車內……

會有這些白痴警語，莫非真的發生過？

美國什麼都可以告，徹底肥了律師。

有人行竊被困車庫八天，告屋主獲得賠償五十萬美元；有人看了鬼片惡夢纏身，告製片公司沒有足夠警語……成就了美國今日的「廢話警語」文化。

最有名的是一九九四年麥當勞熱咖啡事件。老太太被灑出來的咖啡燙傷，把麥當勞告上法庭。咖啡杯上已經有警告熱咖啡會造成燙傷的白痴警語，法庭卻判定字體太小，咖啡又過熱，告方獲勝，判賠兩百七十萬美元。最終雙方庭外和解。

我老闆和我聊天從來不敢問年紀，若我被炒了魷魚，這是我可以告公司的藉口。在美國擔任管理職很可憐，什麼都不能問，包括性別。

一人一車，浩瀚無垠

小時候汽車在我心中是財富。小學時在雜誌上看到工廠外面停了幾千輛汽車的照片，以為是汽車工廠，老師卻說那是員工停車場，每個小朋友的下巴都同時掉在地上。今天的我則同情美國人，同情他們上超市、提個款、到星巴克買杯咖啡……統統都得開車，而且一趟至少二十分鐘。家裡幾個人就要有幾輛車，像牙刷一樣一人一支，這並非出於樂意，而是唯一活下去的方式，是獨立的必要。

唯有美國有專門接送老人購物看醫生的義工。獨居老年人即便行動自如，不能開車連基本生活功能都無法行使，連超市都去不了，極可能餓死在家裡。有癲癇症或視力嚴重障礙拿不到駕照不能開車的話，工作選擇將受到極大限制。在台灣不能開車和不能工作是兩碼事，在美國卻是一生的職涯規劃都深受影響。

如果把美國的私家汽車全部抽空，其他一切照舊，這國家會滅亡。美國的定義就是汽車：坐在車裡可以看電影、點漢堡、提款、拿藥，還可以公證結婚、打疫苗。Covid 疫情期間，看不到邊的停車場上出現了十線道汽車疫苗接種站，這只有美國才有，也全是美國的驕傲。

全世界同樣唯有美國，人還沒出門就先上了車。早上鄰居上班，最先看到的是車庫門打開，然後開出一輛黑玻璃的黑車子；晚上下班，黑車子直接開進車庫。鄰居家的三部車我都認得，在外面突然看到甚至有點親切，再努力一點牌照都記得起來，但在街上碰到鄰居我可不認識。

日本人平均每天步行八千步不是因為愛運動，而是要工作要出門、要活下去，每天就是必須走這麼多路。美國人剛好是日本人的一半，所以體重也多了五十%。美國除了房子大汽車大，胖子也特別多。車子直接開入屋內，走二十步就可以坐在沙發上；上個班、吃頓飯、辦點事，也是下了車走幾十步就到，能不胖嗎？

在美國，你可以不懂美式足球，但不能不懂車，以及一切與車子有關的術語、習慣和法律。警察要你停車受檢會用擴音器要你「pull over」，聽不懂代價會很大；加州紅燈可以右轉，如果你忠心耿耿地等綠燈右轉，當心後車罵髒話。到了別州可能又不一樣。在美國不懂車，就像活在西部拓荒年代不懂馬。

⋮

駕照則是自由的表徵。美國沒有身分證只有駕照，沒駕照的就拿一張不能開車的駕照當身分證。在沒有戶籍制度的美國，汽車就如同移動戶籍。

每個高中生拿到駕照時心裡想的都是「我自由了」。在一個沒有公共交通系統的國度，領了駕照有了車就代表從此可以在任何時候去任何想去的地方。畢竟除了少數幾個大城市，搭乘公共交通系統在美國不是選項。

名導演詹姆斯喀麥隆的座談會上，有人舉手問他開什麼車，最喜歡哪一輛？大導演回答：「抱歉，我只有一輛豐田 Prius。對了，我沒有司機，因為車太小。」美國的汽車文化裡沒有「司機」這個字，那代表失去自由，完全牴觸汽車的目的。

剛來美國時弄了部腳踏車，去一趟超市半小時，汽車擦肩而過，感覺九死一生。美國騎單車遠比台灣危險，因為駕駛不知道馬路上可以有其他交通工具，也從來沒有養成眼觀四面耳聽八方的能力，想轉彎就轉，誰在旁邊誰倒楣。巴士一小時一班，下了車還得走上一大段路。那是生平頭一次認識到沒車的代價。

撐了幾個月，心想有車就好了，一輛便夠，有四個輪子就行，絕不挑。人生第一輛車是一千三美元的垂死汽車，儘管是奄奄一息的老車，買回來第一晚還是悄悄上車打開天窗躺著看天空。雖然除了路燈什麼都看不到，我卻看見了滿天星斗。如果沒有那輛車，滿天星斗的幻想不可能跟我連上線，沒有人會把捷運和滿天星斗聯想在一起。那是擁有汽車給我的第一個魅力。

⁘

有車後發現一個人自由了，另一個人還是關在牢裡。今天我們家三個人四輛車，符合加州兩千四百萬成年人三千一百萬輛家用車的比例。為什麼需要四輛車？不是奢侈，而是每一個獨立的人都需要一輛車，沒法打折。第四輛車則是美式生活的額外選擇。

美國人喜歡戶外活動，熱愛探險，這些全仰賴豐富的汽車基礎建設。汽車和公路就是美國夢的延伸。

住洛杉磯時，每逢周末就看到往沙漠的高速公路上都是拖車、露營車、小卡車，車斗裡塞著沙灘車或越野機車——全家大大小小每人一輛，信用卡債可以欠但越野機車不能省。假日往洛杉磯北邊的山裡跑一圈，看到的全是吉普車在河谷裡玩泥巴，車子髒到分不出顏色——那叫帥。若沒有汽車，這些統統不可能發生，誰在乎洛杉磯沒捷運？

我們家第四輛車是ＳＵＶ，後排放平可以睡人。兒子曾開去猶他州好幾個禮拜，回來後車內有盥洗用具、睡袋、吃剩的餅乾和木乃伊橘子。他並不是個冒險的人，那只是臨時的荒野旅館。

這輛二十年跑了四十三萬公里的ＳＵＶ走過雪地和沙漠，幾乎能繞地球十一圈。出遠門騎登山車我都開它，最高紀錄是五輛登山車＋五個人闖蕩三天的行頭，全部交給它。後面也永遠放著基本生存物資與修車工具，只遺憾從來沒被迫在車上過夜。我常期望在荒野險招不測，被迫在車裡度過困頓的一夜。在野外、在黑暗中，那個小小的空間將給予我莫大的安全與溫暖。如果再碰上車外飛禽走獸、雷電交加，這一夜就更完美。也正因為有了這一個隨身旅館，我可以大膽遊走四方。這叫獨立，是美式生活重要的選擇權。

探險就要帶幾分危險和孤獨，這是ＳＵＶ成功促銷的結果，讓人們把偶一為之的「探險功能」放入日常生活，只求擁有，不求實際執行。所以我家ＳＵＶ同樣淪為擺著不用，一年幾次帶著單車探險，外加每年可以很酷地把那棵七尺高的聖誕樹往後面扔，不必搬梯子綁車頂。

初入職場時認識了史提芬，穿登山鞋登山褲上班的壞習慣就是跟他學的。史提芬一身打扮永遠像是明天就要去爬喜馬拉雅山，車後座有睡袋和盥洗用具，早在三十年前休旅車還不流行時就是周末車床族。單身的他喜歡到處跑，幾乎每個周末都在野外睡車上，曾經獨自從舊金山開車到北極圈。史提芬告訴我一個小祕密：去阿拉斯加一定要帶雞籠，晚上睡覺把車圍起來。我問雞籠防得了熊嗎？他說誰在乎熊？是防豪豬，不然一夜起來輪胎會像吃剩的酒席。雞籠、豪豬、在車上過夜，這三樣正常人永遠不會碰到的東西，在美國磨出了火花。

我曾去猶他州的越野小鎮 Moab 騎登山車，親身參與了一生必須朝拜一次的「四輪傳動的麥加」。小鎮每一家公路汽車旅館門口停的都是吉普車和越野車，如果開一輛有門有窗有頂的車肯定引人側目，我甚至懷疑這裡連校車都是敞篷的。Moab 最著名的是汽車爬岩場，美國人把吉普車改裝成大腳怪，爬得上連外星人都不可能征服的岩石，整片山岩都被輪胎磨成不可逆的黑色。美國很多野外石頭不能碰，在這裡怎樣破壞都OK，因為那滿足了汽車探險的需求。Moab 是全世界最大的成人遊樂場——政府總得給大孩子們一些發洩管道，也說明了汽車在美國人心中的地位。

這種地位全世界沒有一個國家可以提供，也不能取代。

美國影響全世界最深的三個地名是矽谷、底特律、好萊塢，把這三樣加總，那就是「在舊金山上下起伏的街道上，行人正悠閒地過斑馬線，一輛汽車突然從坡頂騰空飛出，剛以為沒事又飛出了第二輛，兩車在狹窄的中國城街道上展開追逐」——舊金山是好萊塢追車畫面最頻繁的城市——類似畫面在電影裡不知出現過多少次。

把美國的典型塑造成商品，賣給六十億人，沒有人能不買單，因為那實在經典、誘人。汽車在好萊塢一直不停地幫忙編織故事，可能是道具、可能是配角、也可能是主角。如果沒有強而有力的汽車，《變形金剛》和《玩命關頭》將乏善可陳。人們坐在戲院裡看的是汽車的故事，看完大家記得的都是汽車，不是演員。史蒂芬史匹柏早期一部叫《飛輪喋血》（*Duel*）的作品，沒人記得主角，但人人都記得主角獨自開車穿越美國西部，被一輛邪惡的貨櫃車一路跟蹤追撞。電影幾乎沒有對話，主角也只有一個——那輛不知名的貨櫃車。

迪士尼動畫《汽車總動員》則成功抓住人們「汽車就是人」的幻想，把每一個小孩心中私藏已久的幻想具體化，賦予汽車不同的人性，用令人嚮往的西部峽谷為背景，編織了一個血統純正的美國故事。好萊塢把美國最強的商品「汽車」包裝成了更強的商品「汽車電影」。就形象而言，美國早已征服了全世界幾十年。

值得一提的是，洛杉磯每天幾百萬輛汽車奔馳在一千公里高速公路網上製造出來的未知性，造就了世界最獨特的警匪追逐實況轉播。用戶可以用手機軟體觀看直升機跟拍警匪追逐實況，常常令人連看一兩個鐘頭都放不下手機。這種意想不到的懸疑和商機，只有在汽車王國的汽車之都才可能上演。

••••

美國很多定義都可以從汽車找到答案。汽車在美國代表品味而非地位。

想知道這個住宅區住了哪些人，看街道上停什麼車就知道。華人愛買忠厚老實將來好賣、卻實在不怎麼好看的日本車；科技新貴喜歡硬邦邦的歐洲車，長相和顏色比較重要，看膩了、稍微過時了就換；印度人第一輛車會盡量配合父母期望買本田，小發之後一定是賓士，然後故鄉親友很快地都會知道，本田和賓士是成功的戳章；老白人忠於傳統，喜歡開避震器像搖籃的美國大車；如果是美式肌肉車，主人會是衝動肌肉男，只認肌肉不認內涵；拉丁人喜歡搞小怪，後照鏡掛一對比粽子還大的骰子，音響比車貴，輪框比音響更貴；如果門口停了掛著美國國旗，輪胎半人高，擋風玻璃上裝了一排探照燈的吉普車，當心那戶人家不但有槍，還養了兩隻急著想找人試咬的狗；門口停著皮卡（pickup）的話，首先要看上頭是否裝了貨架，有的話這家是做工的，另外還得看車輪大小是否合情合理，否則可能又是個只在乎外表，用皮卡耍酷的人。

談美國汽車文化，一定得談小卡車「皮卡」。

當年考托福時一篇聽力測驗講到有一樣叫皮卡的東西，對美國生活方式影響有多大、多受人們喜愛，唯一缺點就是會受風吹日晒雨淋。洋洋灑灑講了好幾分鐘，最後問皮卡到底是什麼東西，我猶豫地選了「light truck」。這道題出得狡詐，出題的人相當篤定外國學生沒聽過純美式俚語，想來美國混，自然得先考考「夠不夠美國」。

皮卡是美國汽車的圖騰。

皮卡可以追溯到一百年前福特推出的 Model TT，原始用途是農莊工作車，pickup 原意「拿起來」，任何車裡放不下或嫌太髒的，往後車廂一丟就結了。拓荒時代整個家族吃、住及家當都在篷車裡，那是當年生存、拓荒的象徵。

皮卡則是篷車的延伸。今天的皮卡代表個性、形象，象徵了自由、豪爽、粗獷。美國人不在乎穿著，卻在乎車子的定義。美國男人不開 mini van，因為不會有女人想看他

——美國近代史上開什麼車和泡什麼妞之間，一直有絕對的關聯。看過報導說，很多人甚至把最喜歡的皮卡紋在身上，這就像把最喜歡的鳳梨酥紋在身上，讓人不知該如何感動起。

⋯⋯

美國一直活在大的世界裡，不想為空間煩惱。打開引擎蓋，裡面躲得下一個通緝犯才算夠大；飆到時速一百三十還聽不到引擎聲，馬力才算及格。

疫情前同事純粹為好玩，花八千美元買了一輛一九七五年的凱迪拉克，引擎八．二升，每公升汽油只能跑三．四公里，長度相當於二十英呎（六．一公尺）貨櫃，寬度只比公車稍窄。那天同事開來公司讓大家見識，找不到停得進還能開門的車位，必須停在角落占用兩格車位，完完全全就是七〇年代最典型的「美國大轎」。

當年這種巨怪滿街跑，從大老闆、家庭主婦、皮條客、甚至台灣留學生都開。第一份工作認識一位台灣女孩，德州畢業就是一個人開著六．二升的美國大轎來矽谷找工作。她在台灣沒開過車，但美國路寬、人少、汽油便宜，開一輛生鏽的二手坦克一點都不是問題。

今天，這個「大」的傳承就是皮卡。去猶他州出差看到公司停車場都是能登陸火星的四輪傳動汽車。如果問幹嘛開那麼大的鋼鐵？回答必是「Because I can」，意思是「那是我的自由」。

那天同事約吃中飯，我搭了強尼的四門卡車，有兩排座位可以坐五個六呎大漢，後面車斗還可以躺兩個。三噸重的大鋼鐵車頭和我一樣高，看出去比車道還寬，坐在車上往外看好像開大巴，強尼開起來卻像台灣人騎機車般輕鬆隨意。他是特斯拉迷，另外兩輛車都是電動車，問他為什麼搞一輛這麼大的柴油卡車，他說周末用，爾後十分鐘講了幾十個需要用到卡車的原因，從打獵、釣魚到自己修房子、後院造景，土石建材統統往後車廂扔……說不定將來還買遊艇。皮卡推銷的就是那個「說不定」。

近年皮卡愈做愈大，動輒搭配六、七公升柴油引擎，以永遠用不上的馬力通勤，把幾年才用一次的粗獷用於日常。底特律成功製造出來的矛盾是美國人要環保又丟不下皮卡。家庭主婦開著拖得動五噸遊艇的七升柴油大卡買菜、接送孩子。下了卡車她也許會跟著上街頭為愛地球發聲，上了卡車又暫時妥協了。畢竟那種高人一等的視野，油門踏板下無與倫比的牽引力、扭力和豪邁，感覺實在很不錯，全球暖化就暫時擱一邊吧。

原來追求「大」和「粗」也是美式自由，底特律一直都苦心經營著。

除了加州野火，美國很少失火，生活中卻老看到消防車滿街跑。

發生車禍，最先抵達一定是消防車，而且常常是雲梯車。美國高樓少，汽車也沒著火，來一輛四十呎長的雲梯車幹什麼？

納悶了很久，直到看電視新聞才知道，消防車是來幫忙擋子彈的。四十呎的車子橫在高速公路上擋車子，讓搶救的人沒有後顧之憂。這叫專業分工，誰能不動容？

但是，這無法回答我那次騎登山車墜落，最先抵達的也是消防車的疑惑，況且來的還是一輛四輪驅動的山地消防車。我身上又沒著火！也無法回答擋子彈為什麼要用造價一百多萬的四十呎雲梯車。

美國沒有答案的事太多了，能搞懂一半也算不錯。畢竟真要找到答案了，可能又要昏倒一次都說不定。

如果問美國有史以來最令人瘋狂的搖滾天王是誰，答案會是貓王；如果問最代表美國的汽車是什麼？答案會是凱迪拉克。

把這兩個加在一起？無疑是貓王的「粉紅凱迪拉克」，美國至今最不可磨滅的圖騰。

一九五五年貓王把他的藍色敞篷凱迪拉克改漆成絢麗到俗不可耐的粉紅色，從此帶動一股汽車改造風潮，也帶動了凱迪拉克的銷售，甚至樹立一股愛國主義。

貓王把兩個「最美國」的符號放在一起，創造了最美國的圖騰。如果用粉紅色吉他，代表性不會這麼強烈。

汽車就是美國，汽車之最就是凱迪拉克。

在貓王過世四十六年後的今天，在美國任何一間酒吧都能點一杯粉紅色的凱迪拉克，共襄這「最美國」的盛舉。

油加滿，上路吧

有了車還不夠，車子一定要往前移動才有故事。

每次看電影，如果第一個場景是在美國西部的荒原峽谷開車，我就會對後面可能發生的故事感到好奇。在公路上，每一個景物都是不期而遇，也可能是一個新的故事。那份未知，就是如此吸引人。

追求故事同樣是美國人要的自由。車是個點，路是條線，在公路上移動的汽車製造了平面，有平面才有經歷。公路旅行是西部篷車的翻版，篷車精神並不只是探險，而是找尋未知，找尋希望。

公路旅行是很多人一生的夢想。美國最有名的兩條公路旅行路線是六十六號公路和太平洋一號公路。迪士尼動畫《汽車總動員》的故事背景就是六十六號公路，可以從芝加哥沿著六十六號公路一直開到四千公里之外的洛杉磯，直抵太平洋海邊，看盡傳說中的經典。六十六號公路是汽車發明之後的現代西部拓荒路徑，在高速公路興建之前，這是一條通往西部的移民路徑，現在則是全世界最著名的公路旅行路線，不知道悄悄地被記載在多少人的願望簿上。

同事傑生上網買了輛二手露營拖車，裡頭廚房廁所臥室俱全。他的SUV可以拖兩噸，就這樣從舊金山開到阿拉斯加，一家人花了一個月邊走邊玩。這件事計畫了半年，完成壯舉後不久傑生就離職了，幾年後聽說他太太癌症過世。我想著那次旅行是不是為了這件事而安排，如果是的話，想到公路旅行在美國人生命中的意義，想到他如此靜悄悄地執行最後一次美國夢，我起了雞皮疙瘩。

公路旅行可以是美國人活下去的原因，也可以是結束的方式。一九九七年德州一對得了不治之症的老夫婦決定以「最後一趟公路旅行」結束生命，告訴家人要開車去鄰鎮卻就此失蹤。兩個星期後，警方在阿肯色州某處懸崖下方找到墜毀的汽車——那曾是他們公路旅行走過的路線。警方從現場痕跡判斷是自殺，不是意外。對於美國人來說，公路旅行是誠摯的信物，價值高昂到人生結束時都要再執行一次，力道大得我們難以體會。

⁘

老一代留學生總會提到畢業後勞燕分飛之前，大家湊錢花兩個月開車橫跨美國，在進入下一個人生階段之前，徹底看一下真正的美國。美國這麼大，無論待在哪看到的都是一小塊，不走一趟無法真正了解。沒有參與的，再下一次也許就得等到退休。那個美國夢就一直隱隱地在心底掛著、等著。

職場第二年拿了三星期假期，和老婆從舊金山沿著著名的太平洋海岸公路一路開到加拿大，回程同樣特意選擇內陸鄉村道路，不走高速公路。一路開到哪住到哪，享受自由與隨意，來回跑了近四千公里。那是我生平第一次「開車出國」，也是首次淺嚐傳說中的美式自由，了悟何謂「因為有車，因為到處是路」，此後再也不把汽車看作通勤工具，那太藐視它。

公路旅行的必要條件是沒有時程，甚至沒有路線、沒有目的地。某次趁周末長假和老婆臨時興起花了三天開車到近內華達荒遠的山裡，只因為地圖上有這麼一條寂寞的路。問我去幹嘛？我不知道。公路旅行的最終答案就是「因為那邊有一條路」，和登山的道理一模一樣。

那次原本盤算天黑前抵達某小鎮，可到了晚上九點還在山裡。如果關掉車頭燈，看到的只有滿天星斗和森林邊際線。計畫中唯一能住宿的小鎮一直沒出現，最壞情況下我已經打算在路邊過一夜。車上備了手電筒、毛毯、水和餅乾，統統是公路旅行必需品，卻也都是興奮。最後在最意想不到的地方看到森林邊一座打烊的加油站，旁邊農舍掛了bed & breakfast 的牌子——三十年前的 Airbnb。那一夜睡得特別香甜，早上在B&B老闆家廚房餐桌吃了一頓血統純正的農莊早餐。這就是公路旅行的魅力，可以說是意外，也可以說是收穫。如果每一個住宿都事先安排好，未知的魅力就打了折扣。

前幾年我試著回頭找那間農舍但找不到，彷彿那一夜從來沒有發生過，更增加了那次公路之旅的神祕。

••••

另一方面，在「一人一車」的美國，可說所有建設與規劃都和一人一車綁在一起。自從一九〇八年福特推出大眾化的 model T，這國家就一步一步把一切交給了方向盤。一九二〇年汽車第一次量產，一九四〇年汽車開始普及，兩件事都是改變歷史的里程碑，也決定了美國未來的城市發展。一人一車掌控了土地規劃；建造了巨大絕倫的公路系統；打造了獨特的汽車文化；編織了無數美國夢也製造了三十%碳排量。

以一人一車的必要條件「一車一位」來說，也許八十年前的美國人沒有想到這些，也許想到了所以推出一套配合停車而打造的土地規劃策略，該策略解決了停車問題，卻製造了另一個美國特色——停車場比建築物大好幾倍。政府不准許蓋沒有停車位的商業建築，以致於大部分土地都用來停車。

八十年前或許沒問題，美國到處都是空地，今天在人口稠密的地方，同樣的土地規劃就會製造一場房價和交通災難。

美國大部分的城鄉發展法都是在八十年前制定的，制定方向為一人一車，一切都以之為藍圖。建商要蓋店面，首先必須規劃大量停車位，實際可用面積因此大受影響，造成售價和房租的提高。為何不加高建築物？這一點法律同樣插手——除非特定金融區，建築物都有高度限制，每個城市每個區都不同，一般是兩層樓以下，導致美國到處都是兩層高小型購物商場 Plaza。這類商場建築遠離馬路，前方空地規劃成停車場，走遍美國幾乎看不到例外。你可以說是美國的特色，但也最沒特色，因為大家都一樣。

以矽谷最常見的「辦公室園區」為例，大部分辦公室都在四層樓以下。一人一車前提下，動輒數千員工的公司必須提供數千格停車位，每一格車位加上周邊道路，夠十個人的工作空間空出來只能放一輛車子。假日從空中鳥瞰園區就是一大片水泥，辦公室像孤島般可憐地擠在角落，其他好幾倍大的空間全部是空的。

疫情期間矽谷很多公司為節省開銷合併園區，疫情過後，返回辦公室上班只能回一半天數不是因為公司仁慈，也不是辦公室空間不足，而是因為停車場不夠。工作空間可以彈性縮減，停車位大小卻無法打折。辦公園區最大的空間瓶頸就是停車場。這是美國人為一人一車的發展藍圖在八十年後的今天付出的代價。

辦公室如此，公寓亦然，每一戶都必須有兩個停車位，即使是蓋給街友的收容住戶也一樣，必須假設每家都有兩部汽車，建築法規在此展現了最固執的一面。同樣大小的土地從空中俯瞰，世界上其他國家看到的都是建築物，在美國看到的都是停車場。

在美國，汽車決定停車場，停車場決定城市外貌。這一連串連鎖反應是一九四〇年代種下的因，當時的美國只有三千萬輛汽車，現在是三億。八十年前的法律用在今天就是災難。

停車場特色往往在進入一個國家之前就已呈現。美國任何一座國際機場出了關拿了行李，最重要的告示就是「租車」，每一個人都急著知道要去哪裡租車，不然就到不了目的地。很多大型機場得搭專門的租車捷運才到得了「租車城」，在櫃檯辦好手續拿了鑰匙，自己走進好幾層樓高看不到邊的專用停車場取車。那是外國人對汽車王國的第一印象。

如果去迪士尼樂園，衝擊更大。進入迪士尼大門後看到的是一片車海，看不到樂園，要進入樂園得搭專用交通車。車子停好後一定要記住停哪一區哪一行哪一格，否則永遠找不到。以前還是平面停車時，某次上了車正要駛離，碰到一個帶著小孩的爸爸拚命對我招手，停下來問發生了什麼事，他說忘了車停哪，請我開車帶他繞著找。兜了幾圈沒找到，最後把他送到停車場辦公室，心底卻知道誰也幫不了他，上萬輛車，從何找起？

⋯

停車場造成土地浪費炒高房價，汽車過多還造成了另一個問題：人人有車，大家退居城郊享受自由和空間，稀釋的人口密度使得公共交通系統不可能存在。美國之所以不興建公共交通系統不是笨，而是根本不可能合理發展。

全美不需要汽車的城市之所以寥寥可數，和城市崛起的時間點有關。早期開發的城市採用高密度住宅，興建地鐵是必然走向，紐約、華盛頓與波士頓都是典型例子，也是如今少數擁有大眾交通系統的城市，汽車問世卻迅速改變了都發法。

美國人要自由，不要方便與熱鬧，都發法規定了居住密度，卻也同時限制了公共交通系統的合理發展。上世紀四〇年代，汽車快速深入新大陸每個角落，奠定了美國的發展基礎與藍圖：城鎮拚命橫向擴張興建獨門獨院式住宅，再用道路填補中間的空隙，並以汽車做為銜接工具。汽車平民化迫使都市建設改弦易轍，為汽車發展鋪路，導致大部分的城市都為汽車而生，為汽車而建，為汽車而存在。汽車變主角。拉斯維加斯就是標準實例。

汽車問世前，美國的大城市同樣擁有先進的電車系統，不輸歐洲，但底特律買下既有電車系統、拆除鐵軌，為邁向汽車王國鋪路。接著二戰爆發，底特律專注於製造軍事車輛，汽車製造停擺。戰後，壓抑多年的需求暴增，加上五〇年代政府以公路做為未來交通建設藍圖，大量興建高速公路。這臨門一腳，終於把美國推向了今天的一人一車。

然後還有「隔離政策」。大眾交通系統可以縮短城鄉貧富差距，可是哈佛研究報告指出，南方某些城市排斥興建捷運，因為住在市區的人不願意偏遠地區的低收入戶入城，和自己爭取同樣的教育和工作機會。不興建公共交通系統成了某種程度的隔離策略，是為了保持優勢而反對建設。捷運是平均收入和房價的管道，而管道操縱權在城市人手中，讓想進城的人進不了。

一人一車策略受害最深的就是洛杉磯。

在洛杉磯，開車是唯一選擇，人口不停增加，汽車愈來愈多，高速公路只能跟著拓寬、延長，整個城市都為汽車鋪滿了水泥，到頭來仍舊水泄不通，永遠都是交通尖峰。大洛杉磯人口已經分散到不可能建造合理回報的捷運系統。興建捷運就像用網子撈水。

那次下了班，四人共乘一車看演唱會，三十分鐘車程花了兩小時，前半場都誤了。在台北去聽演唱會，只有神經病才開車。美國因為缺乏公共交通系統，常常幾萬人同時當神經病。

每年兩千萬人次造訪的迪士尼樂園，幾乎全數開車前往，這日復一日年復一年耗掉的能源、製造的空污與交通壅塞，罪魁禍首是聯邦政府、是底特律、是地方政府、是迪士尼、還是開車的人？這個問題沒有答案，買單的卻一直是全世界。

今天在舊金山想進城吃頓飯就必定要歷經幾段折磨：一是塞在高速公路一路看尾燈、看排氣管，那是因為一人一車；二是餐館半徑一公里內就開始不停兜圈子找車位，那也是因為一人一車；三是好不容易找到空位，看看收費和一道菜一樣貴，那仍舊是因為一人一車。

每次回到台北我都忍不住想像，如果把每輛捷運車廂裡和每座車站裡的台北人全部搬到地面上，台北會是什麼模樣？想到每天兩百多萬人次毫無阻攔地在地下深層高速奔馳，不知道一味追求個人自由卻卡在車陣裡，或不停兜圈子找車位的美國人，會不會回過頭來羨慕我們一次。

一人一車和缺乏公共交通系統，到底誰是雞？誰是蛋？這是歷史問題，是時機問題，是政策問題，是底特律從中操作，甚至有種族因素。但一切都是人刻意製造出來的，總之今日已覆水難收。

⋯⋯

汽車製造了美國人，也捐出了自己。

美國每年必須淘汰一千四百萬輛舊車，形成獨特的汽車垃圾場文化。

全世界最完美的回收鏈應該就是美國的汽車垃圾場。尾燈撞壞了，全新的兩百五十美元，網路汽車垃圾場只要七十五塊。學生時代去不起修車廠，換零件就上垃圾場找，像走進公墓似地尋找符合的年份和車型，自己拆了零件再到辦公室結帳，感動又省下了幾百塊美元，廢車場老闆也高興風吹日晒雨淋的垃圾賣了幾十塊，換上的那支水箱同樣高興又被賦予生命。

汽車垃圾場是存在百年的地下文化，有人像逛二手店去撈寶，有人去找同好，有人像上圖書館去找歷史，也有藝術家去找尋質感和材料，甚至有人拆車門拿回書房做裝飾。

今天在頹廢的工業區、高架橋下空地和鐵路兩側荒野都可能看到一片廢車汪洋，這些殘而不廢的車子為美國造就了每年兩百億美元的回收經濟。

⋯⋯

曾經開著大卡車從舊金山送貨到西雅圖，車程單趟二十小時。

在美國開跨州長途高速公路非常枯燥，每天都是手握方向盤看著擋風玻璃發呆，運氣好收音機收得到一些鄉村音樂，大部分路程耳朵聽到的只有引擎聲和風聲。「盯著擋風玻璃看的日子」（staring at the windshield）是這行的術語。

與世脫離的孤獨感在晚上尤其強烈。開在漆黑的高速公路上，多數時間前方是一片墨汁黑，只能藉車頭燈畫出的光束告訴那個不知在什麼地方觀看我的最高權柄說，我在這裡，我還活著。畫面幾個小時不變，腦子一片空白，這就是全部的世界，盯著擋風玻璃看就是唯一的工作。若是運氣好，看到前方遙遠的車尾燈，我會想辦法加速跟近一點，彷彿這樣做就能解除孤寂。

美國長途貨櫃卡車都有專用的卡車休息站（Truck Stop），畢竟車體太高，一般加油站進不去，會撞垮加油站的屋頂。進入卡車休息站宛如進入另外一個世界，在高速公路上飛奔而過的旅者從來不知道的。

休息站裡很少看到東方臉孔，大家洗衣、吃飯、加油、上廁所、洗澡都在那兒。一般長途貨櫃牽引車後面有可以睡覺的小房間，駕駛們很多根本沒有家，一年四季都在外面拉貨，不可能天天住旅館，晚上就睡車上。他們也沒有地址，如果一定要有的話應該就是車牌號碼。卡車休息站是美國文化最深、最原形的一面，也帶動著美國最基層的經濟。

年初和兒子去死亡谷，趕夜路走了內華達沙漠一條直通天際看不到其他景物的路，任何一絲迎面而來的燈光都讓人興奮，也讓人擔憂。興奮的是總算看到另一輛車，擔憂的是萬一不是呢？難怪內華達有五十一區的傳說——如果我是外星人，也會選在這裡定居。

那回意外地在沙漠裡的卡車休息站過了一夜。在旅人全以時速一百三十公里掠過，只有公路旅行者才會放慢腳步停下來吃頓飯，甚至過夜的小小客棧裡，和來自另一個世界長期過著另一種日子的人，在全美國最荒遠的地方短暫地交集了一晚。

休息站的菜單永遠是那幾樣，能選的就是牛排和漢堡。吃飯時發現，卡車司機們統統獨來獨往不跟人打交道。也許開長途的日子過久了人會變得沉默，也許他們已漸漸失去了社交能力，只有駕駛艙那小小的空間才能帶來安全感。飯後看著司機們吃飽、喝足、洗淨，捧著烘乾的衣服，最後統統回車上睡了。這是他們每天打烊的例行。外頭是結著霜的零下，車子的暖氣都開了。他們每一個人都是孤獨的。天天如此。

內華達沙漠一個小小的卡車休息站代表了最鄉土、最原汁原味的美國。這裡的滿天星斗，百年菜單與打尖的卡車，永恆不變。

•••

汽車是美國人的血液，公路是美國人的血管，汽車加上公路就是美國人的生命。

汽車是一個很長、很獨特、也很美國的故事。跑遍全世界你都可以選擇不理會汽車這個話題，只有在美國，你會不知不覺變成汽車的一部分，急著加滿油上路，不斷找尋自己的故事。

在美國混久了，隨時都要被迫搞清東南西北。

美國很多購物商場大到看不到邊，到處是出口。想逃離現場時，汽車導航說往東北走五十公尺再往南走——我真的碰過好幾次——無奈我根本搞不清方向，只好重返上古，用日照推測方向。

美國人的方向感和速度感都強，隨時分得出東南西北和距離。隨便一架飛機掠過頭上，他們都說得出「在東北方五千英呎高度，以時速五百英哩飛過」。

相對於擁有至死不渝方向感的美國人，我們往往只分左右、只認景物，比如「看到麵攤右轉，碰到小七超商左轉」，從來不講多遠，看到那隻在電線桿旁昏睡的土狗，旁邊就是我家了。超有畫面、超有人性，完全不需要手機！

舊金山灣區的捷運安裝了防止逃票的新閘門，預算是九千萬美元，重點式選擇了高逃票率的車站設置。

我很少搭卻常常看到翻閘門逃票的，那閘門的設計和台北的很像，只能用來防道德犯。

媒體說逃票率是五%，相當於每二十個人就有一個不買票。同樣比例搬到台北的話，尖峰時間隨便選一個捷運站入口觀察，等同於約莫每五秒就有一個人跳過閘門。真是叫絡繹不絕。

好矛盾，美國人不是普遍都誠實嗎？只能亂猜一些不能說的：逃票多半發生在那些晚上你不敢去的城市。還好那不代表美國。

至於折合台幣三十億的新閘門，在台灣可以買好幾列火車了。

鄰居盯、政府管的美國夢

想到美國夢你看到的畫面是什麼？希望不是矽谷的辦公桌和電腦。

談起美國夢，想必是一棟電影中的美式洋房，屋前綠草茵茵，後院大樹成蔭，有鞦韆、有花園。剛到美國時印象最深刻的就是房子好漂亮，每一戶造型都不同，顏色也不一樣，坐在車上常衝動地想停下來拍照，隨便哪一家都行。所以那幅畫面確實很接近，只不過實情是由不得你不美、由不得你不在乎，因為你的房不是你的房，你的樹不是你的樹。買了房子後就知道，想不跟著好看都不行，居住之美全是壓榨出來的，法律有最基本要求，鄰居眼神則是額外壓力。

美國是居住的極權國家，建築法規管制了每一區每一塊地，蓋怎樣的房子、用什麼材質、外觀長相、蓋了幹什麼用、能蓋多大多高、住多少人、每間臥室睡多少人、距離鄰居必須多遠……很多事由不了你。舊金山尤其是全美國蓋新屋最困難、最複雜也最昂貴的城市。

••••

話說從頭，從土地開始。

買下一塊地並不代表你可以使用它。擁有一塊地，使用一塊地，以及如何使用，那是三件事，而且政府都要管，管得慢條斯理，每個步驟都需要評估與核准，平均一份文件得等八個半月，走完所有步驟可能好幾年。

千辛萬苦終於拿到土地使用權後，接下來想蓋房子又是另一套繁複的官僚系統。美國大部分住宅區高度限制只有兩層樓，一塊土地只能建一戶房子。如果地大物博子孫族繁不及備載，又都忠心耿耿想同住而必須擴建，許可證十之八九不會批准。不同城鎮的不同地段都有不同的建坪百分比限制。

以我家為例，建坪占地不得超過土地三十％。我認真量過，目前房子本人只占二十八％。如果嫌房間不夠想加蓋，儘管一百九十坪土地還有七十二％空著，抱歉，土地不夠。我可以賞花、種菜、觀鳥、露營，甚至種大麻，就是不能用來居住。

把房子往上加高一層總可以吧？還是不行。我家已經是兩層樓，住宅區高度限制就是兩層。

把廚房外推三公尺會寬敞很多，而且不會超過三十％，但仍然不行，房子距離人行道至少要有七公尺——我家圍牆內的七公尺。市政府很大方地使用我的土地當緩衝，保護我的隱私。如果外面是鬧區，我相當理解這份心意，但這裡明明是住宅區，晚上被土狼吃掉半條腿都不會有人知道。

他們要保護的不是隱私，而是觀念——美式空間的觀念。

⋯⋯

土地建築面積限制三十％，依城市、區域、地段、年代而異。

矽谷一個處處深宅大院，家家養馬，戶戶有葡萄園的小鎮就規定，鋪水泥的土地（包括房舍、車道、網球場、籃球場、花園走道的總面積）不得超過土地十％，連馬廄多大都立下規定。想在後院蓋噴水池、人造河流、游泳池和池塘，水面總面積不能超過土地二．五％。你想得到的、想不到的統統管，而且不厭其煩記載下來，把建築法規搞得像大英百科全書。該小鎮每一戶人家的土地都是一英畝起跳，那可是一千兩百坪，這麼大一塊土地卻只能用十%蓋房子，剩下九十%就是美式舒適。

當然，這是為了你的隱私、別人的隱私；是為了你的美觀、別人的美觀，有錢人在乎的可多了。愈有錢的社區愈專制，想加入富豪陣容絕不是在鎮上買棟房子就算數，一切得入境隨俗，學做一個對美學、隱私、空間、品味都極度挑剔的美國人。法律不僅規定哪些不可有，還規定哪些一定要有。議會甚至規定了每戶一定要有葡萄園以保持獨特風格。做富人不但要有品味，連選擇哪一種品味都沒有自由。如果打腫臉充胖子擠進小鎮，第一件要學習的就是迎合大家認可的品味。難怪有人說有一種另類貧窮只存在於富人內心深處。

如果買了一棟老房子嫌太舊想拆掉重蓋，陷阱更多。美麗又古典列為保護的建築，除了使用，其他什麼都不能做。舊金山曾有人買了一棟具有建築指標的老宅，屋主嫌太小把房子拆了重建，鄰居告發後，市府罰他恢復原狀，一磚一瓦都得符合原本的設計。

此外，幾乎每一個城市都規定每戶不能住超過多少人，一般是每間臥室最多只能住兩人。我的房子住多少人關政府屁事？是的，這種屁事政府也管。

••••

生平第一次搬進租來的獨門獨院房屋是初春，草長得特別快。我們搬入前，房子已經空了一個月，搬進去不到一個禮拜鄰居就來貼條子說院子草太長了。和藹可親的雞婆們張開雙臂歡迎你的同時，順便也會提醒你草該剪、樹該修。原來你家已成公眾眼中釘。

前陣子去鄰近高級社區散步經常看到某一家門口總是堆滿了鞋子，就算是開車快速駛過都看得到。一大棟全新的漂亮房子門口一大堆臭鞋子，令人倒盡胃口。明明有八十坪居住空間，難道沒地方把不雅的私人風味放在屋內？也許是覺得屋子裡弄好就好，人是住屋裡又不是住屋外，外面弄那麼漂亮幹嘛，坐在屋裡看不到屋外門面，自然不在乎。

果然，不在乎觀感維持不了多久，鞋子不見了，猜想同樣是被貼了條子。是的，這就是美式生活。你可以帶槍上街，但不能不除草，也不能省粉刷的錢。很多人詫異美國的百年老屋為什麼每一間都容光煥發，那是因為每隔幾年就得換掉朽爛的木板和窗框，外加重新粉刷，一次一萬多塊美元。標準的美國夢裡，沒有不照顧門面的自由。有錢買房不夠，還得有養護房屋的預算。

然而，照顧門面歸照顧，想打扮自己的產權的話，同樣受到限制。

在有管理委員會的社區，房子不能隨便改漆成想要的顏色。要是有人把房子漆成紫色或改成水泥碉堡，鄰居還活得下去嗎？管理委員會負責監督社區的一致性，房子外觀的一磚一瓦、窗戶和大門的顏色和樣式，甚至信箱都得配合。要改大家一起改才有一致性。如果你說好好的為什麼要換？老子沒錢不參加，看你能在那兒混多久！在舊金山，房子重漆外牆即使顏色相同都要申請核准，施工時整個房子要包起來以免影響他人，包裝費比工程還貴。

馬斯克把推特改名X後拆除了舊金山總部的招牌，才拆一半警察就來了，因為拆招牌必須市府核准；稍後在樓頂放置新的X招牌同樣被告發，理由同樣是未經審核。政府什麼都要管，人手卻嚴重不足，申請案件動輒積壓幾個月。為了確保建築外觀符合一致性，市容美了卻苦了商家。世上沒有免費的美。

對了，千萬別照顧不歸你管的門面。

最近舊金山某鄰里幾戶人家合力在人行道的樹下搭建了圍繞著樹木的長板凳給路人休息，從照片看來說實在挺漂亮也挺有創意，但還是被挑剔的鄰里告發，市府要求立即拆除否則罰款一千四百美元。像台灣古早那樣在路邊擺個小板凳奉茶肯定也會被罰，理由是妨礙路權，況且誰知道那茶有無衛生顧慮。善心在只論法不談情的文明社會腹背受敵。在美國不能隨便做好人。

•••

不管有錢或中產，除了你的地不是你的地，你的房不是你的房，院子的樹也不是你的樹。

美國幾乎每一個城鎮都有樹木保護法，保護樹木比照顧遊民還周到，因為樹是公共財產。買下這塊地只代表你有使用權，未必表示你擁有原本就在那兒的一切，更不代表能夠為所欲為，這是土地擁有權觀念的不同。此外，樹能美化環境屬於公共利益，不受土地範圍限制。這些種種，法令都明文約束著，細節依城鎮和樹種而異。

我居住的城市要砍土地上的樹得先向市政府申請，符合若干條件才允許，比方樹木得了絕症、死了、影響行人安全。如果只是嫌樹長得醜、落葉太多、水果太難吃……抱歉，統統不准。即使樹木已經死了，還得給它若干年再生的機會，確信化成朽木死灰才能砍除。費用？當然是屋主付。

同事在山邊買了塊地自己找人蓋房子，新屋蓋好後發現樹木擋住光線，僱人砍了十棵大小不同的樹。驗收時檢驗員如數家珍地說少了三棵大樹七棵小樹，大樹每棵賠五千美元，還得找一樣的樹補種回去，小樹仁慈點只須賠償，最後總共賠了近三萬美元。同事的土地上一共有幾十棵樹，檢驗員怎麼會知道什麼地方有樹，無非是視為財產般做了紀錄。砍掉的那幾棵大樹是貴的，便宜點的只要兩千美元，原來樹有價碼，還看大小、年紀。

總之，樹的生老病死是屋主的責任，得負責照顧與修剪，但沒有砍伐的權利。

⋯⋯

林林總總列了這麼多江湖規矩，你肯定也有了一堆「為什麼」。直接的答案分好幾層。

第一，為了安全。比如我家是邊間，外面就是馬路，規定距離七公尺是避免汽車衝進來撞垮房子。我家另一邊是鄰居，房子距離疆界至少要三公尺。兩家各退三公尺，總共相距六公尺以防火。美國房子是木造，不設安全距離的話，野火可要樂壞了。

第二，為了隱私。兩戶人家必須有合理的距離，才能避免居家生活成為鄰居的日常噪音。這份心意不是為了住戶，而是為了減少警察處理不必要紛爭，市府是為自己著想。站在建商的立場，房舍寧可比政府規定的最低限度再多退一步才更受歡迎，畢竟這個國家的人特別在乎隱私。

第三，為了價值、為了居住品質。美國人的社區價值超越個人自由。個人必須犧牲自由以成全整體價值。一棟醜陋不堪的房子會讓整個社區房價下跌。屋主有投票權掌控議會，也間接造就了嚴苛的建管法。法律出於民意，民意則出自大多數人的認同。這解釋了為什麼每個城鎮的建管法都不相同，愈富有的城鎮愈嚴苛；也解釋了為什麼富有的城鎮看不到公寓，因為中低收入戶會影響房價。興建公寓是對富人生活品質宣戰。社區民意可以影響議會，讓平價住宅進不了門。房子價值又關政府啥事，幹嘛要訂法律來管？當然要管，房價愈高稅收也愈高。他是為了保自己的稅收。

城鎮居民對於建商在社區內興建高密度住宅誓死抗爭，對議會施壓不得更改法規，上述那些由不得你不美的限制，就永遠流傳下去。

即使要增建同性質的住屋，市府也得貼公告給與住戶抗議的管道。我家附近有一塊可以蓋六戶人家的土地，幾年前就貼上了公告，至今仍未施工。雖沒參與，但我猜想鄰居肯定有去議會施壓。這樣的文化造成很多城鎮完全無法增加新屋，也解釋了房價昂貴的原因之一。

最近無殼蝸牛聯盟控告地方政府違反州法（州法規定，地方每年必須完成若干百分比的新屋），未來無住屋聯盟和州政府綁在一起，對抗和地方政府綁在一起的現有居民。這會是一場勢均力敵的一州兩制。

多年前自來水廠打算在鄰近我們社區的土地上蓋一棟水泥機房，在說明會上被釘得滿頭包，最後只好多花數倍預算把設施全部地下化。每次看到那一大片綠油油的草地總不免覺得，那是社區價值打敗政府的戰場遺址。

••••

最後一個原因，為了自由。

自由就是空間，自由的基礎就是空間，這已經超越了法律，成為美式觀念與文化，也是居住的核心價值。這些年和來自各國的同事聊天，發現大家到矽谷淘金最大的原因竟然是為了美式生活空間，而不是工作機會。其實西歐國家的工作機會、收入與福利和矽谷相差不大，但美國的居住環境的確沒有其他國家能夠媲美，一旦看到美國的居住環境，大家都想留下來。

在美國排隊，「距離」最能凸顯文化差異。同樣距離，台灣前胸貼後背也許可以排五十人，在美國只能排十五人。靠得太近，他們會回頭請你退後幾步。如此文化表現在美國夢裡，就是在後院露營烤肉開派對不用擔心鄰居抗議——最好連鄰居都沒有——擁有足夠的本錢享受空間的奢侈。

地大物博的美國西部在四〇年代以後才建立的新城鎮都准許「視實際需要而持續擴張」，城鎮與城鎮之間，留有大片未規劃的空地給未來擴張用。他們從來沒有想過向上發展，或在同一空間內放入數倍物體。追尋上下左右都要自由的美國人不要頭頂、腳下、隔牆都有人的居住環境，一切全是西部拓荒的延續，所以美國什麼都大。

開車跑一趟舊金山與洛杉磯之間，你會詫異這個全美人口最大州竟然如此空蕩。鄉鎮到鄉鎮間五、六十公里往往沒有人跡。小鎮房子蓋滿了就繼續向外拓展，以至於每個城市的行政區都不停改寫。

很多沙漠城市明顯看得出西部拓荒的擴張模式。一個建案滿了，下一個繼續往沙漠推進。邊緣住戶圍牆之外就是一片蠻荒，與大野狼為鄰，台灣人在乎的生活機能從來不是考量。說實在，即使住城鎮內環，生活機能也好不到哪去，對於一個禮拜只上一次超市的民族來說，住哪都一樣。

••••

加州獨門獨院住宅平均居住面積是六十八坪，不包括車庫和閣樓。美國居住面積就是實際可用面積，沒有公設，每戶平均土地面積高達兩百坪，卻只住二．九人。

二．九人在兩百坪的土地上住著六十八坪的房子，剩下的一百四十坪留給隱私不得住人；屋主得照顧門面、修剪花木，沒事不要亂砍後院歸你照顧但不屬於你的樹，在由不得你不美也由不得你不在乎的極權下，過著隱私、舒適卻寂寞的日子——所以獨居老人在家死了幾個月可能都沒人知道。這是美式居住的定義。

最後一提，在美國買下房子後，讓人驚奇的事可多著。

比如電影裡大家都看過，美國院子大，有個同事家的後院大到可以用步槍打靶。在美國只要住郊區，只要院子夠大，只要不妨礙安寧，只要不打死鄰居，在後院開槍比放鞭炮還合法，至少開槍不會引發野火。

院子大了，怪事自然多。多年前我請人在後院挖小池塘，先挖出了一根銀湯匙，後來又挖出幾片破碎的瓷器，直到今天我都相信家中後院下面埋著古董。二〇二二年矽谷知名富豪區某人家在後院挖地造景，意外挖出了一整輛三十年前的賓士敞篷跑車。

當然，後院也是理想的埋屍場所。八〇年代加州某位善心阿嬤在自家收容智障遊民，只是搬進去的沒有一個出來。警方後來在阿嬤家後院陸續挖出九具屍體。房子大、院子大，就有可能順便提供了犯罪動機。

對了，加州老一點的房子地板下有一層四十公分高的爬行空間，屋裡見不得人的東西都藏在這裡，聚集了種種有助於現代享受大家卻不樂見之物，包括馬桶排污管、冷暖氣管、自來水管、電線、網路電纜。我住了好一陣子才發現家裡下方有這種只能爬行的地獄：一片漆黑中有碎石頭、蜘蛛網、矽谷難得一見的老鼠、一些地球上還沒被人發現的昆蟲、小動物屍骨。爬了幾公尺我回頭了……如果繼續往裡爬，也許會撞見前任屋主失蹤多年的妻子都說不定。

美國人真的像傳說中那樣，早上起床先洗澡，而且必定是淋浴。住宿舍每天大家同時淋浴，熱水常常不夠，因此成了西方人獨特的煩惱。

為什麼一大早洗澡？主因在頭髮。

美國人很在乎自己的髮型，在公司看到西方人頭髮一定是乾乾淨淨、吹得整整齊齊。美國人上班要給人最好的一面，弄得香噴噴的才肯出門。

加州氣候乾燥，睡一覺起來頭髮變刺蝟，根本出不了門。久了我也養成習慣，一早起來先洗澡。周末懶得麻煩，去家門口拿個信還得確信四下無人，衝出去抓了信就跑回來，像做賊。

美國職場上最令我印象深刻的是很多男人擦古龍水，就算是看起來不在乎穿著的工程師也帶著一股撲鼻的香味。

以前我奇怪，覺得美國男人不應該在乎這種虛榮，後來才知道和虛榮無關，那就像領空權一樣，他們不願意在氣味上冒犯別人。擦古龍水是為了遮掩體味。

美國人對於體味非常敏感，尤其是腋下，甚至耳垢 — 有人耳垢也會有異味。就像口臭自己永遠不會是受害人，所以早上一定要用漱口水漱了才出門，寧可白漱都無妨。這是很多旅館不提供牙刷和拖鞋，卻提供漱口水和古龍水的原因。

美國人在乎個人清潔，牙齒門面照顧得也很周到，為的是自己的外表、別人的感受。

車庫不停車

在美國，如果你家車庫真的只是拿來停車，你的生活不是太平面，就是還沒養成美國的壞習慣。

美國的車庫未必和車子有關，卻可以是犯罪現場，是偷偷兼差的辦公室，是被遺忘的嗜好歸處，是累積三十年的雜物墳場，也是換熱水爐時發現死老鼠的地方。如果有某樣東西全美國的車庫都找不到，它很可能根本不存在。

車庫的地位尷尬又複雜，卻是獨特的美式文化。大部分美國人不敢打開自家車庫，因為裡頭全是不想讓外人看到的事與物，而且是一眼就被看盡一切。去朋友家如果他帶你走車庫（或後院），表示把你當熟人。車庫（還有後院）是既親密又尊貴的入口，只有搶匪才走正門。

車庫是倉庫、是工廠、是有電鋸與工作桌的工作室、是嗜好區，周末從車庫此起彼落傳出來的是電鋸聲、工具聲。

車庫到底有些什麼？

園藝工具、聖誕樹與聖誕裝飾全堆在車庫裡，我說的可不是聖誕樹上那些小兒科裝飾，而是能把整棟房屋變成迪士尼樂園的盛大行頭。早期車壞了多半自己修，車庫裡可能看到拆了一半的引擎。車庫裡還有囤積大賣場冷凍食品的二號冰箱、所有用過的工具、不知如何處理的廢物、成箱衣服、一生所有嗜好的痕跡……美國人喜歡戶外活動又講究專業，只用一次也買，所有曾經或未來可能用上的東西全部都放車庫，從露營、潛水到滑雪裝備無一缺席，特殊點的還有獨木舟和飛機翅膀。

我家車庫裡有過模型火車展示台，兒子五歲時的玩具現在仍深埋於某個角落，天花板上掛了六輛單車，櫃子裡全是單車零件，有買了沒時間更換的，也有換了捨不得丟的，新舊水乳交融占掉一整個櫃子。

我們社區有一間車庫能停下三輛車的九十坪大房子，車庫門卻永遠敞開不然太暗，裡頭滿到只剩狹窄通道，車子全部停在外面。在這座巨大的物資墳場裡，東西堆得比人高，永遠不可能找到任何東西。

全美有一億個車庫，每一個裡面都有留之無用棄之可惜的垃圾。你的垃圾可能是別人的黃金，這是 eBay 的發跡基礎，也是貨架上有二十億項商品的原因。每一戶人家裡不知道有多少箱紀念物資，不能賣也不能丟，只能一直堆著讓後代子孫煩惱。

我當年從台灣帶來的那把老吉他現在還在車庫，三十多年了，如果不是寫這一篇文章壓根不會想到。你說它是紀念還是垃圾？都是。所以就擺著吧，這就是車庫的偉大。

車庫提供了每個不想處理的物品「再說吧」的藉口，給所有的「捨不得」找到台階，然後漸漸遺忘。

⋯⋯

車庫塞成這樣還能停車嗎？當然不能。美國四十七%車庫無法停車，人們任全新的賓士風吹日晒雨淋，讓鄰居的狗每次路過都在輪胎上留下DNA，車庫裡還是得放那些「萬一還用得上」與「再說吧」的垃圾。

當然，車庫也有獨特的不滅功能——每一個知名樂團可能都來自某間車庫，所以有了「車庫樂團」這名詞。我那玩了一輩子的樂團就是某周末在車庫成立的，還被取締過。警察來了先聽完一整首曲子並鼓掌說你們不錯，然後才順便請我們小聲點。我猜他只是忍著沒一起扭、一起跳。美國這麼多樂團，水準又這麼高，車庫絕對是功臣。

也別忘了，如果沒有車庫就不會有矽谷。美國大部分新創都起於車庫，Google、蘋果、惠普、亞馬遜，統統都是！如果沒有車庫這私密又安全的空間，這些世界巨人都不可能萌芽。就改變世界而言，美國車庫提供的免費工作室應該算得上是沉默的第一功臣。

••••

美國的車庫之所以演變至此，自然與「美國夢」的主體——房屋——脫不了關係，而且主體本人的故事不但更多，還陳述了不同時代的夢。

在美國，沿著城鎮中心往外圍走，就能看到「居住」留下來的刻痕，那就像科羅拉多河在大峽谷留下地質遺跡般歷歷在目。西部地區的刻痕保留得尤其完整，這裡的土地大，城鎮永續擴張，很少打掉重建，讓證據一路保留下來。

這些證據包括了房子的大小、格局、設計、功能。住屋向來是配合市場需要而改變，過去六十年最重要的主導族群就是嬰兒潮和千禧世代。中產階級的房子從很小，到小，到大，到很大，到又沒那麼大，到近日開始流行亞洲式公寓，見證了「美國夢」不同的時代定義。

⋮

首先，「美國夢」多半是獨門獨院的木造房屋。早期要怎麼蓋是房主的事，那是自己興建的年代。藍圖做好自己找人發包，依憑需要打造。今天在鄉下或城鎮內環仍能看到這類老房子。

二戰後進入建商興建模式，三房二衛，兩輛車子的車庫。房間裡衣櫥小，衛浴只裝得下必要設施。後院倒是很大可以踢球，樹下能盪鞦韆，房屋側邊多半有一大塊不知道該拿來幹什麼的空地。那時房子三十坪，土地三百坪，屬於「院子比房子重要」時期。那是嬰兒潮誕生的時代，每家都三、四個孩子，兩個小孩上下鋪擠一間小臥室再正常不過。

也從這個時間點開始，房子愈蓋愈大，到八〇年代已經大了一倍，平均六十坪到八十坪。土地變小卻要兩倍空間，所以蓋成兩層樓，最大特色是窗戶和衣櫥變大了，主臥室有步入式衣物間，也出現兩個客廳和兩個餐廳。大坪數的話還加蓋遊戲間和辦公室。

兩個客廳的用意是，一是招待客人的正式客廳，一是自家使用的家庭間；餐廳也分正式和私用。私用餐廳是廚房的延伸，是全家人吃飯的地方，是孩子做功課的地方，是生活的重心。那年頭的房子招待客人有面子，自家裡子也照顧得不錯，算是面子裡子都顧到了。

餐廳連著有壁爐的家庭間，落地窗外是後院、游泳池，另一面是整面牆的書櫃。這是家庭電影院，是私用客廳，是抱著狗在搖椅上看肥皂劇看到打盹的地方，也是運動間。從廚房到家庭間是活動最密集的地方，醒著時家人都在這空間裡。這類設計以前並非沒有，只是到了八〇年代平價化了，中產階級也可以享受富格局、淺嚐小奢華。

這類社區往往出現在城鎮外環，四房三衛，從玄關、客廳到擺八人長桌的正式餐廳都挑高，明亮又寬敞。地上鋪的多半是顏色素雅的短毛厚地毯，六〇、七〇年代的古人愛用的藏污納垢長毛地毯顯得老氣到不可思議。

這麼大一間房子，正式大門卻常常幾天不開也沒人用，進出都走車庫。從車庫直接進廚房，超市採買回來把食物搬進冰箱，給人立馬回到家的感覺。孩子放學也從後院走落地窗進屋。美國後院門都在側面，一拉就開，連猴子都會。進出頻繁的落地窗同樣從不上鎖，每家後門都是大開的邀請函。

....

再後來，建商不再蓋兩個客廳兩個餐廳，但加大臥室，步入式衣物間擴大到能打兩桌麻將，浴缸換成大到可以淹死人的按摩浴缸，旁邊還另蓋獨立淋浴間。廚房、餐廳、家庭間連成一片，空間更大更實用，有些加蓋健身房。加了這麼多功能，房子建坪卻比上一代小，全是用原本做面子的正式客廳和正式餐廳換來的。現代人開始只顧裡子。

與美國家庭共存百年的地毯漸漸消失，取而代之的是地板，顏色和材質的選擇皆豐富，客廳或餐廳還鋪地毯的話就是土得掉渣。每個房間的顏色可以不一樣，房間內每道牆也可能不同，並再度覺得上一代喜愛的米色牆面乏味，牆的顏色大膽轉成深色，從棗紅、深灰到深藍都不排斥。

房子的外觀顏色同樣大膽起來。過往都是米色，現在是五顏六色配上白色框邊，把房子美學化，同一條街同樣造型的房子卻擁有不同色調。房子不再只是居住，還得充分反映個性和品味，讓中產階級也能大方享受與眾不同。

這類房舍這幾年大批出現在西部城鎮最外圍，很多與沙漠為鄰，隔了牆就是塞外風光。新建社區因為長年嚴重缺水，已經禁止覆蓋草坪。全美成長最快的鹽湖城、拉斯維加斯郊外都看得到上述景象。和台灣相反，美國距離市中心愈遠房子愈貴，人們要的是隱私，不在乎方便，似乎很難理解台灣人願意為 7-ELEVEN 和巷口小吃店付出那麼高的代價。

至於公寓，美國西部除了大城市很少看到公寓，有的話也是兩層樓宛如美式 Motel 的平價集合式住宅，多半位於低收入區。這種廉價公寓的客廳窗外就貼著公共走廊，哪一家吵架和親熱聽得清清楚楚。木板房隔音差，樓上尿尿樓下都聽得到。晚上一路走過便能清楚看盡每一家的隱私與晚餐菜色。

近年，新開發的人口稠密區裡出現了有格調、有設計的高級公寓，鄰近市中心，靠近捷運或火車站，採光、格局、設計都是把上述新潮的獨棟房子縮小搬入大樓，唯一差別是沒有院子。以前的公寓都是出租，誰有公寓肯定是有錢人，因為擁有的絕對是一整排公寓，現代化公寓則以出售為主，買公寓就和買獨棟房屋一樣。

⁂

無論哪個年代、什麼格局，和亞洲最大不同是，美國的廚房永遠是家庭重心，也特別寬敞明亮。家庭主婦整天待在廚房，家人也聚在廚房吃飯、聊天、吵架……生活中最重要的部分都發生在廚房，即使是低收入戶的房子，廚房的地位也從沒被貶低過。

我們家最精華的地段就是廚房。這裡可以看松鼠偷吃玫瑰花苞，看小鳥把餵食器小米灑一地卻不吃，看那隻被托孤的小野兔在花叢間沾沾自喜吃我們餵食的菜根。唯有廚房擁有看遍整個後院的視野，這也是我愛洗碗的原因。

回想我在台灣住過的每一棟房子，廚房都和洗手間一樣小，也全被放在見不得人的角落甚至沒窗戶，有時只是在通往後陽台走道上借個位而已。

⋯

從過去七十年房舍變遷，藉由建商和建築師留下的刻痕，不只能看到美國夢的歷史遺跡，以上種種變革也反映了美國不同世代的價值觀。

美國夢的價值觀是如何一路演變過來的？

六〇年代是男主外女主內時代，一家只要一份工作就買得起中產住宅。嬰兒潮世代無疑是美國最富強的時代。孩子在門口騎車、打球和打架，鄰居們互相認識，哪家姓什麼在哪工作，夫婦倆上次什麼時候吵架，整條街都知道，宛如台灣以前的眷村。那年代房子小、孩子多，但人們並沒有抱怨空間。

空間不夠是後來的事。

八〇年代嬰兒潮正值買房年齡，居住需求量大增，大部分家庭是雙薪收入，人們開始懂得享受寬敞、在乎氣派，建商推出比上個世代大一倍，甚至兩倍的房子。歷史上頭一次，中產階級可以享受富人的生活方式，淺嚐好萊塢式居住滋味，「富有」突然大眾化了。八〇年代興建的房子把富有和氣派融入了房屋藍圖，雖然很少用得上，但只要擁有那份面子，擺著不用也沒關係。

接著，環保意識抬頭，千禧世代成為買房族。他們不要氣派、不要門面，甚至根本不結婚、不打算生孩子。足以容納八個人、掛吊燈的餐廳是老人家留著感恩節聚餐用，千禧世代過節家裡根本沒人。新世代的房子小了但一切都舒適，建商把顧面子轉投資到顧裡子。不要羨慕八十坪大房子，那樣的氣派是冷暖氣電費嚇死人，打掃起來也累死人。別忘了，你並不是真的那麼有錢，那是建商推銷成功，是你用畢生積蓄換來的表面富有。誰敢不在乎電費？

公寓崛起同樣是因為千禧世代不在乎大房子，也不再喜歡院子。院子的定義是周末除草掃落葉，是孩子可以踢球盪鞦韆，如果周末只想做自己喜歡的事，如果不打算有孩子，院子的定義就是累贅。新興公寓在格局上講究新潮，設計合理實際的話，四十坪也許就夠。

千禧世代不再隨意買東西，他們講究也愛用好東西，但品味並不代表多，寧可把錢用在奢華的晚餐或獨特的經歷，把價值投資在體驗生命。《異類矽谷》裡那位蒐集昂貴吉他的同事現在已經囤積了十把吉他，以高薪雙收入租公寓住，交換昂貴的嗜好，這是生活方式的選擇。

相較於上一代用畢生努力交換居住，把房子當作一生成就唯一指標，為了成全這筆交易只好放棄體驗生命，千禧世代很多人根本不買房，或買一戶小公寓視需要出租，以此成全做遊牧民族的心志。

空巢期換房潮則是另一股改變因素。嬰兒潮已入退休年齡，兩層樓上下不方便，又恢復成一層樓的小房子。今天，在美國逐漸崛起的公寓社區裡，可能會看到單身貴族、新移民、千禧世代和空巢族，亞洲人天經地義的高密度居住模式已經興起，美國人終於學會了忍受頭頂和腳下都有人的生活。

另一微妙變化是愈來愈多家庭開始進屋脫鞋。從前我親眼看著美國人下雨天穿著球鞋踩上家中地毯，孩子從後院進屋穿著鞋直接躺上沙發——美國人除了洗澡，在家裡大概都穿著鞋子，今天的美國漸漸亞洲化了，亞洲習慣好像也有道理了起來。

•••

除了價值觀變遷，另一最大影響因素是物資爆炸。八〇年代後房子之所以愈蓋愈大，因為是物資爆炸成長的年代，一切物品都變得豐富又便宜，人人都變成物資富翁。衣著與日用品瞬間成為國際貿易，購買不再是為了需要，甚至不是為了想要，而是因為便宜到「不買可惜」。六〇年代一百美元的，九〇年代可能只要二十塊，而且更好更酷。

緊接著，拋棄式時尚興起，人們的衣服愈來愈多。明明房子的空間增加了一倍、孩子數量少一半，衣櫥仍舊塞滿滿，步入式衣物間依舊沒有立足之地。如今每個美國人平均比六〇年代多了兩百五十件衣服，四口之家等於多一千件。快時尚讓每個人都能穿出夢想，每天配色換樣，幾個月不重複。今天我們已經無法從穿著看出一個人的經濟能力和品味。這些，統統得用昂貴的空間交換。

不只衣服，無用的廉價商品也以相同速度成長，快速填滿每一棟屋子。大賣場文化走進了美國人的生命，以批發量滿足零售需要。每輛駛出好市多的汽車行李廂都是滿的，後座也是滿的，東西便宜又大碗，只恨車子不夠大。

此外，由於工作壓力大，每逢周末，人們往往忙著買些倒楣的東西來填塞家裡寥寥可數的空間，以此舒壓。很快地，房子變成了倉庫，唯一解決方式就是加大房子。房子變成七十年前的三倍大，每戶平均擁有三十萬項物品，是個用擁有換空間、用消費填空虛的時代。

最終房子塞滿了，開始塞車庫，成就了美國特有的車庫文化。

⋯⋯

然而碰上千禧新世代，一切全數翻了盤。

千禧世代工作不是為成就，而是為興趣；他們不要院子不要草坪，要省水愛地球；他們懶得自己動手，不會修東西，不囤積物資，黑色星期五對他們毫無吸引力；他們不需要車庫，共用停車格就很夠。

囤積的上一代老了終將走向簡單，新一代極簡主義抬頭。購物中心走一圈下來發現人少了很多，而且無論怎麼逛都覺得每樣東西家裡都有、不需要、也塞不下了。許多購物中心開始吹熄燈號，也許那瘋狂購買的時代正在結束，也許大家都買累了、堆累了，只剩下一棟又一棟兀自矗立的「美國夢」，仍然保留著不同世代的價值觀。

無法前傾。拿數字比一比就知道，美國男性平均腰圍四十吋，整整比亞洲人多了七吋。讓你腰纏三十斤臘肉試試，蹲得下去才怪！

習慣更不用說，美國人從生到死從來沒有練習機會。美國所有簡易廁所都是坐式，即使原始到只是個糞坑，上面還是人模人樣擺著坐式馬桶。

你說美國古早年代沒有馬桶？他們會用木板搭個鏤空的椅子，更早以前就坐在鏤空的石頭上，反正一定要坐著就是了。你問我野外？我不知道，這不能問，也無法觀察。

不過我可以說，三者之中，習慣最重要。

年輕時我在成功嶺蹲著上課沒問題，這些年下來基因和體型都沒變，唯一變的是生活習慣 —— 我失敗了，跟美國人一樣。

上回參觀納粹集中營，看盡種種不人道後，我注意到廁所竟然是坐式馬桶。參觀當下以為那是在乎文明，後來才想到也許是因為白人「**不會蹲**」。

亞洲人的蹲法稱為「亞洲蹲」，西方人不會。如果要求美國人蹲著上廁所，肯定鬧得人仰馬翻，得僱人扶著才行。

低沉的深蹲只有亞洲人會。去中國餐館拿外帶，廚工全數在外頭休息，墨西哥籍員工在街邊坐一排，中國籍員工則蹲成一排，穩健地滑手機、抽菸、打盹，整個畫面宛如電線桿上涇渭分明的兩排麻雀。

我做了些研究，這和基因、體型、習慣都有關。

基因在於西方人的大腿骨比例較長，身體重心會後移；體型在於西方人普遍過重，脂肪又囤積在腹部

晚餐怎麼會有一盤番茄炒蛋！

美國人的吃，又粗又死心眼。

早餐來說，早餐就是早餐，煎蛋加火腿或鹹死人的培根，全美國幾乎找不到例外。若進一步講早餐的蛋，不只我，很多台灣人都悶著吃了許多年混蛋。

第一次在餐館點了火腿煎蛋，侍者問蛋要怎麼做。這道題目無法敷衍也不能逃避，更不能講隨便，美國人不知變通，這一點你應該已經知道了。總之，那就像到銀行領錢櫃檯問要領多少，你回答隨便，警衛不過來才怪。偏偏菜單上從來不會明說蛋有哪些做法。如果這道題目是選擇題，就算看不懂，咬牙亂指上一次當就學會了，它卻是填空題——美國小孩都會的那種生活填空，台灣人拿了博士都未必會。

那回臨時想起打混的炒蛋叫 scrambled eggs，只好點了混蛋，多少年來忠心耿耿，雖然知道整粒荷包蛋叫 fried egg，但那是個打開後收不了場的話匣子，服務生會追問下去又答不出來。直到若干年後，聽到隔壁桌點了荷包蛋，指明「太陽向上」（sunny-side up）才學會如何表達「只煎單面、蛋黃是溼的荷包蛋」、第二種早餐蛋的做法。

扯到太陽，誰不會以為在講氣象？為什麼蛋不能像牛排那樣用老、嫩來表達？混了三十多年，總算一步步搞通了早餐的蛋可以怎樣做。算算至少有五種不同的方式，當然可能還有我不知道的。這就是美國文化——百年不變的單調內容，不過是一顆換湯不換藥的蛋，卻在小地方講究細微還搞氣象。

另一方面，美國離開了早餐桌幾乎就看不到蛋，尤其是炒蛋。這方面他們很堅持，炒蛋只能早餐吃，不然就違反社會期望。

有一次晚餐炒了番茄炒蛋，那是變出一道菜最快的方法。在台灣要是作客，桌上出現番茄炒蛋，那代表菜不夠臨時湊個數，大家都明瞭主人的為難。兒子看了很奇怪，問我為什麼晚餐吃早餐，口氣活像我剛闖了紅燈。蝦仁炒蛋或蘿蔔乾炒蛋也一樣，反正炒蛋就是不能出現在早餐以外的場合。

美國人的中飯也好不到哪去。鄰座同事從來不跟我們外食，也從來不上公司餐廳，餐廳有十幾種不太好吃的菜，當然也包含無趣的美國食物，可是他每天都是一份冷三明治，彷彿吃只是為了避免出人命。其他白人同事的中餐同樣令人憐憫，不是不吃，就是一盤沙拉，體重仍然過重，想想他們也真命苦，快餓死了還過重。中午的員工餐廳放眼望去，白人都不知道上哪去了，不曉得他們為什麼對吃中飯如此冷感。

⋯

美國人接觸不同文化的食物不過是近二十年的事。早期員工餐廳中午只有沙拉、冷三明治和鹹死人的湯，過去一百年的上班族就這樣活下來。

預煮的大鍋湯總是鹹死人。這是因為西餐濃湯得慢慢熬出來，一次煮一大鍋文火開著保溫，愈到後面就愈鹹。中式的大鍋湯不鹹是因為廚師隨時可以加高湯，西餐濃湯加高湯卻會水火不容。後來我都不再點湯，要不就搶頭香。萬一不小心點到難以入口的濃湯，就拚命往湯裡澆冷水，還得當心不要被服務生看到把廚師叫出來。有時候連美國人也喝不下去，拿麵包沾著吃。馬上就要登陸火星了，湯鹹這件事美國人還是無法解決。

以前我以為美國人的口味就是這麼重，後來發現他們也喝不下去，那就像我一直以為他們就是死愛甜，直到嚐了台式蛋糕，才驚為天人說真好吃一點都不甜。老天，原來你們也覺得蛋糕太甜？既然甜死人，那為什麼前仆後繼地買？為什麼還不造反？

要美國人委屈他跟你拚命，湯鹹死人、蛋糕甜死人，他忍氣吞聲幾百年不吭聲。

⋯⋯

美國人的中飯非常隨便，高級晚餐卻不合理地講究。吃氣氛、吃燈光、吃景觀、吃顏色、吃服務、吃菜單、吃等候、吃穿著、吃酒吧、吃慢條斯理，最不吃的是食物。

菜單對我們而言是資訊，在美國卻是門面。高級餐廳的菜單常像一本書，前半本介紹酒——酒單內容超過菜單——每道菜則像一篇作文，上有標題下有內容，寫滿滿告訴你用了哪些食材、怎麼做的，連上面灑的蔥花都列出來。拿到這樣一本彷彿考閱讀測驗的菜單，還真不知道要從哪裡讀起。不知從哪讀起的另一原因是，美國人在乎的燈光效果，就是要暗到看不清菜的長相。

雖然講究的餐廳甚至每天換菜單，還把日期印在上面證明沒有糊弄，但洋洋灑灑的菜單上真正可以點的只有那幾樣。上百人的餐廳，菜單不過就是七、八道主菜。美國人的好不好吃看的是那些與食物無關的繁文縟節，吃的是整體感覺，無法獨立分辨食物的高下。

不管如何，好餐廳一定要先點酒、點開胃小菜，然後假裝不在乎那幾頁主菜和嚇人的價錢，很高雅地把菜單推到一邊，擺著以後再說。這叫做吃「慢條斯理」，吃到哪點到哪。上高級餐廳如果單刀直入一來就叫主菜想吃完了事，不妨仔細觀察一下服務生那醞釀著千言萬語的眼神。

在美國混了那麼久，讀菜單這件事我仍舊是失敗的，直到今天都只敢點一些看得懂的安全菜，有時候雖知道是什麼東西，但唸不出來只能用手指一指。那些完全不知道是什麼玩意的，永遠不敢碰，問了也白問，回答會比原文還複雜，逼得你只好微笑一直點頭裝懂。

第一次上正式餐廳，菜單上來只急著想找認識的字，幸運地看到「steak」宛如找到救星，端上來的卻不是牛排。懷疑給錯了卻不敢問，因為問或不問的風險都一樣：如果明明是錯的竟然吃了 vs. 明明是對的還問為什麼不是牛排，丟的臉一樣大。所以最好就是希望是對的，假裝原本就是要吃那個，管它是什麼，吃了趕緊走人。如果服務生過來噓寒問暖，還得先想好如何應對。此情此境英文愈爛愈好，繼續聊下去遲早穿幫。想知道美國的服務生多會聊又多愛聊，問些廢話立即分曉，最後連趕都趕不走。

總之，那不是牛排，幾十年了我還是不知道是什麼，只能猜是某種嚼起來像木柴的魚——關鍵字不認識。重點是，steak 未必是牛排，可能是某種「排」，steak 前面那個字才是答案，也許是穿山甲；只要做成排狀就可以冠上 steak，也可能根本不是動物。後來我就上過當，吃到大得變態的香菇，白當一次吃素的。如果怕問了丟人，那就得冒險吃啞虧。

••••

去正式餐廳吃飯，穿著上也得配合。

一次在拉斯維加斯上餐廳，規定要穿那種我從來就沒有的西裝外套，餐廳好心地找了一件借給我——即使穿著借來的不合身衣服，這習俗都不能免。熱愛自由與隨意的美國，這方面倒是百般配合。

Covid 疫情期間和幾位同事在著名風景區租了木屋遠端工作一星期，該地盛行戶外活動，該帶的裝備應該都和登山或划船有關，偏偏同行的美國同事就帶了正式西裝。想度個完整的假，美國人一定要上一趟穿西裝的高級餐廳。

我打那次失敗的面試後就不再穿西裝，下次穿可能是躺在棺材裡，到現在還不會打領帶。最後找了條口袋沒那麼多的登山褲，搭配有領子、有釦子的長袖襯衫，鞋子嘛……只有一雙登山鞋，只好做賊似地把腳藏在桌布下面，彆扭拘謹地吃了一頓相當昂貴味道卻不怎樣的晚餐，美國同事卻一直說讚。同樣一頓飯端到平價餐館，他不會這麼說。關於好不好吃，在美國味蕾沒有投票權，整體感受掌控著美國人的一切。

吃到這裡，故事只到一半。服務生端上了另外一套菜單——甜點菜單。正式餐廳都有三套菜單：酒單、菜單、甜點單，分開上。美國的餐廳少了兩樣東西就混不下去：一是酒吧，一是甜點，兩樣中國餐館都沒有，難怪發達不了。不用說，那極富創意看起來漂亮到讓人不忍心碰的甜點仍舊甜死人。

一頓飯如此絢麗，每次吃完卻都覺得有點虎頭蛇尾，但這就是美國。不只是吃的，在職場也是。埋頭苦幹便宜大碗的真貨，永遠追不上包裝過的假貨。

••••

說到湯，西方社會沒有清淡的概念，每一碗都像快乾水泥，可以傾斜十度不會流出一滴。美國人去了中國餐館只喝酸辣湯，如果真以為他們愛那股酸辣味那你就錯了，他們愛的是勾芡。有次看到一個白人叫了一碗三鮮湯，端上桌那刻他顯然忍住沒昏倒，跟服務生要了番茄醬和醬油拚命往裡倒。真是難為他了——三鮮湯翻譯成英文和海鮮濃湯同名同姓。

外國人往白飯上淋醬油也是常有之事，回頭還會和朋友說那家多好吃。前不久我在鼎泰豐看到鄰桌老美點了蝦仁蛋炒飯，心想還是矽谷的美國人上得了檯面。但我錯了。炒飯上來他不停地往飯上淋醬油，像打擺子一樣停不下來，連我都看不下去想告訴他該停了。國寶級的鼎泰豐炒飯在海外竟這樣被糟蹋，更糟的是，他們認為糟蹋過的才好吃。

同事向我大力推薦好吃的中國菜，那真是考驗一個人的外交能力。你不能裝著沒聽到這份好意，又不能讓對方看到內心。如果要認真敷衍，切記不能信口開河，給予錯誤期望。我曾經很興奮地說好啊，周末帶家人去試試看，說完卻立刻後悔。隔兩天，對方很認真地追問我去了沒，點了些什麼菜？我懷疑他有記在行事曆上追蹤。

如今，為了避免外交話題頭重腳輕，我常會加上一句「真的喔，那你叫了些什麼」，其實全是廢話。美國人不外乎點甜酸雞、四川蝦、湖南牛、左宗棠雞之類中菜裡根本不存在之物，我還得陪著讚美一番。在美國，左宗棠的名聲絕對超過台積電。

⋯⋯

離開華人綠洲，公路旅行中如果實在憋不住，願意降格吃頓「打醬汁的」中國菜，那全美到處都是。

所謂打醬汁，就是整間餐廳的菜色不過是由五、六種不同的「醬汁」調成，依菜色配合不同醬汁搭著炒，這是每道菜吃起來味道都一樣，到了海外誰都可以當廚師的原因。美國家庭坐下來，一桌點的都是甜酸——甜酸雞、甜酸牛、甜酸蝦、甜酸魚、甜酸豬肉——同一醬汁，每種動物都不漏，還津津有味地放在中間分享。

更糟的是，炒飯炒麵也算菜，每人一大盤白飯（美國人從來不用碗）上面疊了炒飯炒麵。大部分美國人都用叉子，有些想表現自己有練過，會用筷子在盤子裡挑白飯吃。他們不知道飯是端著碗用筷子往嘴巴裡扒的，吃飯哪能用盤子？所以美國人說筷子實在很難用。我也從來不會跟他們講，就讓他們以為我們真的這麼厲害。

要是去這些餐廳的廚房偷窺大廚，只見同樣的配料、同樣的醬料、只不過更換動物。偏遠地方僱不到亞洲人，很可能看到墨西哥人在炒菜。對那個甜酸家庭來說，這也就算吃過道地的中國菜了，下次中了彩券再回來重溫舊夢。

矽谷民智比較開化，但到內陸州點壽司的話就得擔心吃到在來米，我在猶他州就上過當。長得像米對美國人來講就都是米。當然，你也會看到美國人拚命在壽司上淋醬油沾番茄醬。內陸找不到日本師傅，可能是因為師傅都昏倒回去日本了。

⋮

眾多外國朋友中，只有一個例外願意冒險吃道地中菜，還告訴我一個祕訣：道不道地要掌握幾項原則，如果牆上貼的全是中文，如果老闆的小孩在餐桌上做功課，如果老闆和老婆在廚房邊炒菜邊用聽不懂的語言吵架，那就是真貨。

後來我陪他用這套標準試了幾家還真的都行。只有一次把他嚇昏，那就是切花的魷魚，不管怎麼解釋、道歉都沒有用，他認為那玩意就長那樣。美國人吃東西一定要知道動物生前的長相，碰到切花捲起來的魷魚，他就懷疑那來自外星球。想跟美國人疏遠，最好的方法就是帶他吃一次醬爆雙魷加紅燒海參——海參的真實相貌會讓所有美國人都昏倒。其他像鴨舌頭、七里香也很管用。你不覺得鴨舌頭長得根本就像外星球的昆蟲嗎？

當然，絕交殺手鐧非臭豆腐莫屬，最好是上海清蒸式的。矽谷有間餐廳有道地的上海清蒸臭豆腐，有次和台灣朋友點了菜單上沒有的私房清蒸臭豆腐，老闆猶豫了一下用間諜的眼光向四周掃瞄一圈，問我們可不可以等那桌白人走了再上——要吃還得配合時辰。美國某知名實境節目主持人吃遍天下光怪陸離，標榜沒有什麼不敢吃，包括羊眼睛、蚯蚓、蝗蟲，最後敗給了台北路邊攤的臭豆腐，他的結語是「天下沒有這麼難以下噱的食物」。

我在北加海岸抓和人臉一樣大的加州大紅鮑，但美國人如何糟蹋這稀世珍品？把鮑魚切成厚片，在海邊生火烤得焦黑，塗上番茄醬和美乃滋，用麵包夾著當漢堡吃。這樣白白犧牲，連鮑魚都得認栽。

⋯

全世界每一種主要文化都有自己的「菜」。

歐洲人聊到美式食物，都說美國的吃又粗又沒見過世面，除了速食，根本沒有自己的文化。畢竟拓荒時代篷車車隊永遠在移動，不可能講究吃；工業化後美國人把標準化的大量生產概念帶入了飲食業，把吃全面商業化，也創造了世界上最典型的美國菜——TV dinner 和速食。剛到美國時看見傳說中的電視餐興奮到崩潰，當下買了兩盒，從此再也沒買過。在美國，視覺和味覺的實質落差就是這麼巨大。

近年西海岸推出了細膩又高級的「加州菜」，把不同菜色融入菜單創造出全新風潮。在純美式的餐廳裡，你可能吃到生魚沙拉、涼拌豆腐配酸菜，甚至是空心菜。不同的是，桌上也擺了加州葡萄酒，配合著美國人永遠在乎的整體感受。這同樣是美式拓荒精神的延伸，在粗獷又沒見過世面之中，同時也喜歡冒險創新，創造屬於自己的融合性食物。始終不變的則是在乎包裝。

美國人一堆東西不敢吃，剩下敢吃的又一定要知道來源和生前長相，最後終於敢放入口中的，則特別在乎那一刻的氣氛和燈光。關於吃，這個民族不是自行先昏倒，就是讓來自不看包裝只看真材實料、拚便宜又大碗的台灣人昏倒。

美國人約你去他家吃個便飯，相信我，也相信他，那真的只是「便」飯。

他家平常吃什麼，如何吃，以及如何地難吃⋯⋯都不會因為你的到來而改變。這就跟美國人送那種包裝比內容還貴的禮物一樣。一切在心意，千萬不能在乎內容。

還有，不要參加美國人的烤肉 BBQ。他們烤的不外乎熱狗和漢堡，升級版最多就是沒有醃過的雞肉，無比勇敢地直接烤，吃的時候才用濃妝豔抹的醬汁遮掩那份乏味。

有一次我實在受不了，帶上醃了一夜的韓國牛小排，大家都直呼好吃好吃，一連說了好幾分鐘都停不下來。

酒：嗜之如命，懼之如疾

美國人高興時喝酒，沮喪時喝酒；勝利時喝酒，失敗時喝酒；休息時喝酒，累得半死時喝酒；找到工作喝酒，丟了工作喝酒；結婚喝酒，離婚也喝酒……三分之二的美國成年人喝酒，十%成年人嗜酒如命每天兩杯。

這般酒醉的國家，對酒的限制卻非常清醒。天下沒有免費的自由，對於酒，政府什麼都管，動不動就罰。要嗜酒如命，就得接受荒唐的限制。

假日在公園烤肉，吃得嘴巴又油又鹹又渴，冰桶裡有冰啤酒，你隨手開了一罐，看著二十歲的兒子口渴，順手遞一罐給他。好了，三項罪名成立：兩項公開飲酒，一項誘使未成年人飲酒。

下回你長了記性，啤酒打開後想起不能在公共場所喝，沒喝，把開罐未飲的啤酒放入車內杯托，心想帶回家喝。可還是不行，開了瓶的酒只能放後車廂，放車內得鎖入置物箱。酒已經開了怎麼辦？倒掉。

在美國，你如果腰上掛著槍逛大街，手上拿著啤酒邊走邊喝，警車很快就會過來，不是因為那支槍，而是那罐啤酒。你可以掛槍趴趴走，但不能公開飲酒。

如是之故，舊金山毒販敢當街打海洛因，喝酒卻會用紙袋把酒包著，意思是別亂想，那不過是可樂，給點面子警察也就算了。同樣道理，便利商店可以買啤酒但不能開瓶。一次帶美國朋友遊台北，在雜貨店買了兩罐啤酒邊喝邊爬象山，朋友以台北一〇一當背景狂飲台啤的照片傳回美國，羨煞眾人。

⁂

美國不到二十一歲不能買酒、不能喝酒、連酒吧的門都不能進，很多州卻滿十八歲就可以買半自動步槍。美國人把酒當砒霜防，卻把槍當玩具。

去超市買酒，櫃檯有權查驗證件，拿不出來就是門兒都沒有。上次我在超市排隊結帳，前面一群猜想是台灣來美國出差的工程師，看臉孔至少三十多歲，買了些生活用品和一手啤酒，櫃檯要查驗年齡但沒人帶護照，啤酒活生生被擋了回去，一點都不含糊。

如果是自動結帳，掃到有年齡限制的商品，機器會停擺閃燈等候工作人員查驗。不幸排在後面只能謙卑地等，那是美國人最善良的時刻。

順道一提，有年齡限制的不只酒，還有香菸和罐裝噴漆。香菸也要二十一歲才能買，台灣新移民叫十歲孩子去 7-ELEVEN 幫忙買菸，孩子回來說「老闆說下次要叫警察」。罐裝噴漆同樣要十八歲，防止到處塗鴉。有次我買一罐噴漆被卡在自動結帳機前等了好幾分鐘，原以為工作人員看這張老臉就算了，沒想到他認真問我滿十八了嗎。原來查驗不是看了就算，還非得問廢話不可，顯然是演給監視器看。

西方國家飲酒年齡多是十八或十九，美國卻鎖定二十一，由於限制嚴格，才有年輕人滿二十一歲那天被朋友用烈酒活活灌死的新聞。世界各國固然都禁止年輕人喝酒，美國卻特別嚴，這和汽車有關。美國十六歲就可以開車，如果不等心智成熟，每年酒駕的死亡人數就不是現在的每個月一千人。

美國人死愛酒，又死要開車，加在一起就是炸藥。酒駕肇事是重罪，背著這項紀錄永遠找不到工作。加州曾有三振出局法，同一重罪三次就永遠關入大牢。未成年不得飲酒的法律也擴及「被動提供酒品」，曾有華人讓高中年紀的孩子在家開派對，冰箱裡擺了一打啤酒，孩子同學喝了啤酒開車肇事身亡，被告賠償兩百萬美元。搞不清美國的酒精文化，很可能傾家蕩產。

廚藝學生不滿二十一歲烹調必須配酒、嚐酒怎麼辦？別擔心，法律都想到了，學生可以品酒，但只能「品」，不能喝，在口腔漱漱就得吐出來。

餐館收桌子的小弟若不滿二十一歲，人手再不足都不能替服務生端酒，喝剩的酒杯也不能碰。客人離開後桌上若有酒杯，一定要等服務生收了酒杯才可以清桌子，外面排長龍都沒有例外。餐廳裡經常看到一大片因為酒杯而不能翻檯的桌子，美國人對酒的恐懼一直沒變。

⁘

至於「公開場合飲酒」，特殊節慶如園遊會可以喝淡酒像是啤酒，但不能超出劃定的疆界，除此之外，含酒精的飲料只能在擁有販賣執照的餐廳或酒吧內用。

聖誕節途經葡萄酒小鎮，在品酒店內全家各點了一杯葡萄酒，商店隔壁是種了花的庭院，散落著幾張桌子、點著暖爐，讓客人享受冬陽。我們捧著酒杯推開店門想移師到庭院晒太陽，店員馬上叫住說酒不能拿出去。我說只是想移到側面的庭院，他說不行會經過「公共場所」，唯一方法是端著酒穿過工作區和廚房，從後方私有土地繞過去。走正門只要幾步路但沒人抄近路，不過借個過的十步路禁忌擺在一個處處要自由，動不動就拿槍抗議，跟政府唱反調的國家，顯得迂腐又馴良。

說到販賣執照，開餐廳若想順便賣點啤酒增加收入，得先申請酒牌，申請過程不但繁複，政府還會先貼公告評估社區反應。啤酒屬於淡酒，如果想賣烈酒，過程更嚴格。美國找不到沒執照敢偷偷賣酒的餐廳，被查到會讓你終身後悔身為美國人。

•••

美國有酒水文化，無飯不酒，一頓賓主盡歡的晚餐，每人喝個三杯是正常。一群人喝酒和一個人喝酒不一樣，飯前、飯中，飯後的酒也不一樣。正式餐廳一入坐通常不是點菜，而是先上酒單。大家都假裝對酒熱愛又有研究。

商務場合點酒、喝酒是必要社交禮儀，雖然打開酒單可能一個字也看不懂，只能竊聽鄰座點些什麼，可惜聽到了想複誦都很難。想點個柳橙汁讓自己下台並不妥當，那是小孩子的飲料會洩底，就算真的想喝都該避免，那杯柳橙汁可能讓生意砸鍋。

不如要杯水？那你會被問是自來水還是瓶裝水。回答瓶裝水將是自找麻煩，服務生會問要什麼牌子——如果你問有什麼選項，洞將愈挖愈深，上面全是不太會唸的牌子。

我們不會問剛到台灣的美國人要黑松沙士還是維大力，他會以為你在談日本黑道。但美國人習慣以自己的日常看世界，不會這般體諒。

總之，點酒和點菜一樣無法隨便，敷衍將無法收尾。

正式場合大家保守而高雅，不太會點花枝招展的雞尾酒，會點馬丁尼之類的古典飲品。最保險是叫杯白酒或紅酒，飯前、飯中、飯後都行得通，但要有心理準備服務生會一路追問到底要哪一種，實在答不出來就說 house wine，否則沒完沒了。

因之，在拉斯維加斯著名賭場吃到最道地的台灣牛肉麵不稀奇，稀奇的是人人坐下來一定先喝兩杯雞尾酒。外面排長龍等著入座，已入座的美國人仍先花個二十分鐘喝酒聊天才慢慢看菜單。外面發生核戰都事不關己。

有鑑於此，美國的正式餐廳多半附設酒吧，地位經常超過餐廳本身。美國人評鑑餐廳往往以酒吧做為重要參考，有時甚至把酒吧做為主軸否則客人不上門。餐廳爆滿候位要兩個小時？美國人不會轉身就走，而是到酒吧叫杯酒慢慢等。酒吧滿了更興奮，端著酒塞在人海中不能動彈地等個把鐘頭，那頓晚餐更好吃。

入境隨俗，鼎泰豐的矽谷分店就有酒吧。要美國人叫一籠小籠包不配杯酒，他吃不下去，就算吃了也會說難吃。只要燈光暗、價錢高，再配杯酒，所有評鑑都會說這家餐聽好好吃。

••••

說到點酒，我第一次點酒差點戰死沙場，而且我不是消費者，是服務生。

第一次趕鴨子上架當服務生就碰到客人點開瓶酒，那和散杯酒不同，是講究的客人玩真的。客人用識貨的眼神問我有什麼建議。我們有三十幾種酒，大部分我都還不會區分，卻回問他喜歡什麼口味，心想「老天啊，台灣來的你真敢拗」。客人說不喜歡苦澀，要甜一點的白酒，一雙大眼睛期盼著我的專業回答。酒單裡只有一個我會唸的叫做 Grey Riesling，是白葡萄品種。沒有選擇時日子其實滿好過的，一是說抱歉我第一天上工也不懂酒，一是硬著頭皮推薦那個唯一會唸的。來自台灣勇往直前的我當然選擇了後者。

開酒瓶有儀式：先給客人看酒標，確認年份、葡萄品種與廠牌，等他高雅微微點頭才可以開瓶。開瓶動作要慢而瀟灑，最後一段要用力拔出來製造音效，然後在他杯子裡輕輕倒一點點，等候他漱口品嚐。如果客人正在講話，你得站在旁邊靜靜等待，要嚐了點頭批准，才可以繼續為客人斟酒。反過來，如果你是那個點酒的人，千萬不要就這樣開喝，可憐的服務生會一直站著等你的結論。也要記得，漱口品嚐要裝著很有學問，不要讓人一眼看出還沒喝心裡就已經同意，要讓人以為那一口品嚐是決定因素。

桌上的細節同樣得注意，要從女士開始倒酒，只倒兩分滿。完了把酒瓶包起來放在酒桶裡。如果是白酒，除了桶內要有冰塊，杯子也得先冰過。最重要的是，軟木塞要工整直立放在桌角。挑剔的人會把軟木塞拿起來像狗聞電線桿先找尋認可，味道中意才算數。

有沒有開了酒嚐了不喜歡不要的？當然有。美國人就是這麼大氣。有次和朋友晚餐點了紅酒，他嚐了一口不喜歡，退了酒說要換，這種事他們不會委屈。

那回推薦唯一會唸的酒的下場是客人把我叫去，說這是他喝過最好喝的白酒。所以直到今天我總是點 Riesling，算是第一次歪打正著的永恆小紀念。那酒甜甜的還真好喝。

⋯⋯

在美國，酒不能代點。那天和老婆上餐廳吃飯，服務生過來問要先喝點什麼——指的當然是酒。我回答要看看酒單。老婆上洗手間，要我幫她點馬丁尼。服務生過來我說我要白酒，指指老婆的空位說她要馬丁尼，服務生卻說酒不能代點。明明幾分鐘前才打過照面，她也知道老婆看起來幾歲。但這就是美國的偉大：本來就不知變通再碰上酒，那就是「絕對不能便宜行事」。服務生寧可再跑一趟，親眼認證老婆絕對有超過二十一歲。

打工時代我做過酒保，經理嚴肅地說一定要檢驗客人身分證，出事得負責。只要懷疑年紀就得查驗。前不久三十二歲的著名搖滾歌手紅髮艾德（Ed Sheeran）在酒吧點酒被拒，因為他沒帶證件，雖然表明身分，服務生還是不買單，直到經理出來確認那是艾德本人才收場。

美國酒保的權限很大，除了查驗身分證，還得確保客人有醉意就不能再賣。我做酒保時舊金山規定烈酒只能提供兩杯。我碰過美國水兵點烈酒，叫到第三輪被我拒絕了。微醉的水兵沒鬧場，我也不必抱歉，不義之財餐廳更是不敢賺。

說到查驗年齡，昏暗之中隨便遞來一張駕照，腦子立刻得從出生年月日轉換成幾歲。這牽扯到減法，台灣人當然不怕，只會比大小的美國人卻傻了眼。後來制度更改，領取駕照時若不滿二十一歲，會用紅字加註「此人幾年幾月幾號滿二十一」，為美式爛數學解了套。

•••

美國酒吧規矩多、責任大，也賺很大。美國最賺錢的行業就是賣酒和賣毒，賣毒白道抓黑道殺，賣酒被人當師父還有小費可拿。另一方面，酒吧在美國有著獨特又深遠的文化，要找尋美國故事就得深入酒吧。

酒吧有新潮開趴式的，也有老套的 dive bar，各有不同的客人和故事。新潮酒吧沒有傳統和標準，每一家都絞盡腦汁發揮創意，自己創配方、取名字，酒單愈來愈豐富。這年頭不怕作怪，只怕不夠怪，雞尾酒愈怪愈酷。拉斯維加斯有家酒吧把嘴唇碰到就爆炸的四川辣椒放入酒裡挑戰客人膽量，瞬間爆紅，也有加了韓國泡菜的血腥瑪麗，加燻鮭魚的馬丁尼，加培根和鵪鶉蛋的伏特加，還有的加蛋白、生蠔、生魚片……看到切花魷魚的美國人深信那是外星生物，但放入雞尾酒裡，調酒師就成了英雄。調酒師還得耍特技，每天都像開派對，把上酒吧搞成像看秀。

城市裡的酒吧分類很清楚，地域、種族、文化，各有強烈的代表性，是全世界最容易找到同溫層的地方。中國城有老華僑聚集的酒吧，金融區有商業酒吧，同性戀區有同志酒吧，情色區有脫衣舞酒吧，觀光區有觀光酒吧，科技酒吧每逢周五就塞滿下班捨不得回家寂寞的科技人。

有次出差晚上無聊，獨自嘗試美國酒吧文化。坐上吧檯不到三分鐘，旁邊的人就問我打哪兒來——肩貼著肩坐在一起不說話才奇怪。不到幾分鐘我就知道他來自哪裡、做什麼行業、有什麼嗜好。美國人會講話就是這樣練出來的。

離開了酒吧，大家都變得拘謹保守，不可能發生上述際遇。以前我一直奇怪到酒吧喝的是同樣的酒，為什麼不能在家裡自己喝？那次我知道答案了。去酒吧沒人為了酒，而是為了找尋認同。走出那個空間、離開那文化，一切像都沒有發生過。那個和我在吧台聊天的人，出了門就不會再記得我，也不會記得說了些什麼。

這一切都無妨。在短暫的交集下，大家都大方嘗試做另一個自己。酒喝完出了門，一切又回到真實世界。酒吧是個古老的虛擬，百年不變。人類自古就喜歡那份虛擬，如今只是媒介不同。

鄉下的老酒吧又與城市的不同，可能只賣威士忌和啤酒，如果點濃妝豔抹的雞尾酒，酒保會抬頭看看你然後沒有下文，彷彿你從沒開過口。

公路旅行可能在意想不到的小鎮遇上這種酒吧。鄉下找不到餐廳、找不到旅館，卻會看到小小的老酒吧，外面甚至可能有綁馬樁，大門還是半截的雙推門，得瀟灑地把門推開，發出那種需要上潤滑油的尖銳聲響，讓酒吧裡所有人全部放下酒杯轉過來看你——那是一道認可的程序，如果眼神不對，應該考慮轉身離去。

一旦進了門，立即走入另一個時空，裡面昏暗看不清人的長相，撲鼻的是一股陳腐。這裡沒人滑手機也沒人聊天，一切都停擺，蒼蠅飛過都聽得到翅膀震動聲。大家獨自低頭專心喝自己的酒，完了就走人，彷彿進來只是執行任務……也許是在回家的路上，也許是晚飯前的儀式，也許是長途開車路過。進來的原因也都相同——因為酒吧在那兒。沒有它不覺得奇怪，有了它、看到它，不停下來進去才奇怪。

那一次，也是唯一一次，我停下來叫了杯啤酒，喝完就上路*。離開時注意到酒保後面掛著「一八六五年開張」的木牌，這兒是一百五十年前的高速公路休息站，百年來一切都沒變，馬克吐溫可能在這裡喝過酒。外面的世界快速移動，只有這間酒吧像張古老的照片一直掛著，誰都不會去動它。

⁂

美國人的飲酒習慣透露了酒在美國歷史留下的痕跡。

美國是民族大熔爐，也是酒的大熔爐，融入了歐洲各民族的全數飲酒文化。從裝滿一整船啤酒的五月花號登陸新大陸那一天開始，美國就和酒糾纏不清。

拓荒時代，美國人靠酒精找尋安全感和獨立感。早上起來先喝一杯，晚上睡前也一杯，三餐陪伴也都是酒。那個時代不喝酒就不是男人，醉了不打一架或不被打一頓都不是好漢。西部片裡每個小鎮一定有一間酒吧，裡面永遠塞滿一堆人，不是打架，就是抱著女人，那個圖騰並沒有誇大，直到今天都留有蛛絲馬跡。

早先美國人喝啤酒，然後流行烈酒，同樣的消耗量改成威士忌後，美國開始大醉大亂。直到十九世紀，一個成年男人一年平均喝掉八十八瓶威士忌，相當於每人每天喝兩杯烈酒。酒的消耗量超過聯邦政府一年預算，走在街上到處看得到醉鬼，甚至十多歲的酒鬼，美國很難保持清醒。保守宗教人士於是紛紛站出來呼籲禁酒，也說明了為什麼美國人今天對未成年飲酒如此敏感。

一九二〇年國會修憲，推出長達十四年的全面禁酒令，不准製造、運輸、銷售、飲用。這是美國對「自由」兩字戕害最深的一次。今天回頭看，我們都知道那是一場災難，自由禁不了，一定要禁就會轉入地下製造腐化。最後美國輸了，只好加一條憲法廢除上述憲法。這一段美國人永遠不會忘，也不敢忘。

美國對酒向來又愛又怕，所以產生了全民皆酒又嚴格限酒的矛盾。可貴的是，人民守法，一旦樹立公認的社會價值就打心底遵守。知道酒駕問題嚴重、未成年飲酒會製造

＊在美國，只要體內的酒精濃度不超過法定標準（每一個州不一樣），喝一兩杯啤酒後繼續開車不是問題。

社會問題，便同心協力在最嚴格的規範下，盡情繼續嗜酒如命。想通了，其實就不矛盾。

既是形影不離的文化，何不讓它生根，一絲不苟地確切監督執行？遇問題不逃避，而是跟它正面迎戰，該擁有的一定要擁有，該限制的就全面落實限制，這是美國人做事的態度，我很欣賞。

相形之下，碰到問題就訂定一堆法令安撫民心，但沒人遵守也不認真執行，即使執行了也是看人、看政治氣候，事過境遷就沒人理會，只求帳面討個心安。台灣明明規定未成年不准飲酒，可哪一家餐廳不是擺好啤酒任人自取、自開、自飲？查驗身分證？忙成那樣了，商家有那等閒工夫才怪；客人不砸場才怪；立委要提出落實法令不被轟下台才怪。例外一直是靠「才怪」支持著。美國人上下一致的一板一眼，在這落實上展現了絕大的威力。

美國的自由是什麼都管，然後再找尋落實的平衡點，確定了就認真執行。從某個角度，我看到縱情與嚴謹兩者共存毫不衝突。這個國家從第一天開始就接受天下沒有免費的自由。愈這樣，那份自由就愈珍貴，大家也愈同心協力保住它。所以酒繼續狂飲，嚴苛到荒唐的法條也一絲不苟地堅持下去。

對於酒精，美國人嗜之如命，懼之如疾；他們製造這矛盾，也努力保住這矛盾。

美國人的口袋隨時可以撈出吃的，和魔術師一樣。

上課時，教授突然從口袋撈出一根紅蘿蔔，接著像兔寶寶那樣邊啃邊上課，我沒看到同學下巴落地，顯然這種事很正常。

幾年後，我在辦公室拿了一顆番茄出來吃，經過的同事全部放慢腳步，其中一位詫異地問我為什麼要吃番茄，彷彿我觸犯了天條。

原來在美國，只有葡萄大的櫻桃番茄能當成零嘴吃，大番茄只能做菜。

教授上課啃紅蘿蔔可以，我吃大番茄卻被圍觀，再犯還可能遭到圍毆。還好當年沒手機，不然我會爆紅。

再幾年後兒子上了幼兒園，點心發下來是生的花椰菜，還沒去皮！我已經學會了不昏倒。

十八歲不能買啤酒，可以買槍

下了一個冬天的雨，春天山上一片綠油油的。我在家看好地圖打算騎一條沒走過的路上山，到了那發現入口有條小徑沒錯，但必須先穿越一塊私有空地，上面掛了一塊 Google 顯然沒料到的「禁止闖入」牌子。看著那塊認真的牌子與那棟門廊插著巨大美國國旗的老房子，想到山邊農家都有槍，養了團結的狗隊，沒被屋主打死也會被狗吃掉，雖然山徑入口就在三十公尺外，但這種險不值得冒，掙扎一會兒後，我回頭了。

在美國，不理會警告很危險，地址不對很危險，按錯電鈴很危險，導航帶錯路很危險，連警察攔停都很危險——你和他都危險。不予理會的代價可能是死亡，對方無罪。好比「門前永遠掛著國旗」這類家常式警告，對不熟悉美國槍枝文化的人來說，很可能就是死亡陷阱。

在美國，找錯地址很可能被屋主當成歹徒而挨槍。一九九二年剛到美國的日本交換學生服部剛丈參加萬聖節化妝舞會卻找錯地址，當時天色已暗，屋主以為是歹徒入侵，拿槍對他兩次喝令止步，服部顯然沒有聽懂關鍵字「Freeze」所以繼續接近……不幸的結果可想而知。事後屋主獲判無罪，在自家開槍打死不速之客，只要經過警告程序就算是合法自衛。一個沒聽懂的英文單字，在美國的代價是一條人命。

二〇二三年初，堪薩斯市一位少年去別人家接弟弟卻按錯門鈴，門一開，屋主二話不說先對他轟了一槍——美國很多人回應門鈴都帶著槍，還好少年命大，現已康復；我朋友到山上找人，發現導航帶錯路，停車重新查驗，因為沒有路肩，只能轉入一戶人家的私用車道借停，屋主拿著霰彈獵槍出來，當著他的面拉槍管上膛，朋友當然馬上就逃，也幸好是大白天，如果晚上可能小命已經不保；紐約州一位二十歲女孩和友人一起前赴派對卻誤入私人道路，雖然發現錯誤後立即調頭，仍被屋主打死；德州有人晚上去超市購物，返回停車場拉錯車門也被槍擊。

這些例子到底是開槍者的錯，是被槍擊者的錯，還是槍太多的錯？同樣的無心之過搬到世界其他任何國家，不是說聲抱歉就沒事了嗎？為什麼只有在美國，經常得用人命交換？

有時候，甚至誰都沒錯，錯的是電腦，卻同樣有人因此犧牲性命。

美國密蘇里州九一一勤務中心某天接到一通電話，話筒中傳來兩個女人的爭吵聲。報案人沒有說話，聽起來像是家庭糾紛。勤務中心派員警到場處理，卻因為軟體瑕疵，電腦顯示錯誤地址，員警被派往十幾公里外一個不相干的地址。在完全沒有防備的情況下，警察在半夜敲錯門，而屋主剛好是一名精神病患，門一打開警察就被亂槍打死。屋主不但是精神病患且有重罪前科，照理不能買槍也不能有槍，種種法律限制卻形同虛設。只要有錢，網路上什麼槍都買得到。

即使電腦沒錯，若有人惡作劇還是可能出人命，而且可能發生在你我身上。堪薩斯市有人惡作劇打九一一謊報自己槍殺了兩個人並壓著第三人做人質，由於使用某種特殊軟體顯示了假地址，勤務中心派出大批突擊隊趕到現場包圍房子，不知情的倒楣屋主半夜被吵醒，睡眼惺忪不明就理開了門。擴音器叫他就地止步把手舉起來，他可能困惑沒有照著做，剛走出大門就被擊斃，名副其實「躺著也中槍」。

⋯⋯

在這樣的國家當警察，杯弓蛇影的壓力可想而知。無論是登門處理民眾報案或路邊攔停，都必須如臨大敵，假想對方隨時可能掏槍。

夜間路邊攔停的警察也許態度從容，但那是裝的，是專業訓練出來的。他的感官全部集中在車內的一舉一動，隨時準備拔槍。這是前車窗不能用黑玻璃也不能貼隔熱紙的原因。警車攔停也永遠是在後方閃燈，不會停在你的前頭當活靶。

遇到攔停不管有沒有錯，先靠邊停車把雙手放在方向盤上坐著不要動，讓警察看到你的手，不要自作聰明下車探究竟。警察沒問話就不要開口——他是唯一權威。問一句答一句，講一動做一動，不要自掏皮夾拿駕照。如果警察跟你要證件，必須打開雜物箱，你要先得到允許，不要自己伸手開啟雜物箱。當然也不要拿手機、電話響了不要接、手不要放進口袋、不要做任何突然的動作、最好連噴嚏都不要打——實在忍不住噴警察一臉都可以，就是不要突然用手去遮。像台灣那樣和警察理論、拉拉扯扯的，都該來美國見識一下。

•••

由於無法預測對方作為，小小的風吹草動都可能成為警察扣扳機的正當理由。在草木皆兵神經緊繃時，警察的手都已經放在槍把上，也很可能比嫌疑犯更緊張。

正因如此，警察過度反應槍殺無辜時有所聞。只要懷疑有掏槍的動作，都可以堂而皇之先下手。誤殺案件在法庭上極少起訴成功，法律保障警察過度反應的權利，只要「主觀上」認為安全受到威脅就可以先發制人。警察不會做對空鳴槍示警這種蠢事，晚了一步，就可能成為因公殉職的英雄。

好萊塢電影關於警察的常見情節至少有一點是騙人的：警察開槍總是先打手腳，而且槍法神準。事實是警察的訓練向來只打胸口，第一槍就要斃命，畢竟一旦開火，如果沒有先擊斃對方，最後死的可能就是自己。美國警察常說「寧被兩人架出法庭，也不要被四人抬出教堂」，防衛過當是自保唯一選擇。在當警察比當軍人還危險的國家，寧可防衛過當，也不能冒著讓妻子淪為寡婦的風險。

昨天看到新聞，一戶人家的愛犬被汽車壓傷奄奄一息，急速趕送動物醫院求救，因為超速被三輛警車圍捕，在槍口下命令一家人下車，雙手抱頭跪在地上。那場景根本就是逮捕武裝搶劫銀行歹徒的重現。車主哀求愛犬奄奄一息放過一馬，警察還是先上手銬再搜車查證。最後事情釐清了，但狗也死了。警方回應這全都是SOP。如此過度反應的警車攔停，只會發生在美國。

二〇二二年俄亥俄州警察追捕交通違規拒絕受檢的民眾，下車追捕時，嫌犯突然轉身停下來摸腰，被懷疑是要掏搶而被八名警察擊斃，身上留下了四十六個彈孔；幾年前加州首府警察追捕嫌犯，對方退到黑暗的角落拿出手機要打給家人，同樣被擊斃。事後街頭發起了一場遊行抗議，標語寫著「那是手機，不是手槍」。問題是，如臨大敵的警察以為那是手槍。問題不在警察，而是人人有槍。

••••

「大規模槍擊」是在美國之外很少聽到的名詞，指的是除了兇手，有四人以上在同一事件中遭受槍擊。這是美國特產，也是風潮。

光是二〇二三年，美國已經發生了六百五十起大規模槍擊，相當於每星期都發生十二次對著一群人開槍的案件。這早已超過一般國際新聞報導的範圍，真要報導就得天天開專題。打開電視，小型槍擊案都是輕描淡寫，宛如報導塞車。美國累了，全世界都聽累了。美國已經麻痺。

大規模槍擊的背後可能出於歧視、仇恨、醋勁、爭執、被革職不爽、對社會不滿、精神狀態、厭世，或是純粹耍酷。任何一個不打算活下去的人，都可以走進公共場所對著人群掃射、拖人陪葬，包括幼童。美國人在任何場所都可能成為擊殺對象，不需要原因。教室、教堂、電影院、舞廳、餐廳、酒吧、超市、遊行大街、園遊會、演唱會……統統曾經是集體屠殺現場。美國已經沒有安全的地方。

冷戰時期學校教孩子如何應對核子攻擊，三不五時演習，有些州會教孩子如何應對龍捲風和地震等自然災害，現在又加上了校園集體槍擊——一聽到警報就要立刻躲在桌子底下不能出聲，天底下沒有一個國家的父母需要在太平盛世擔心孩子在課堂上被槍打死，除了美國。二〇一二年康州 Sandy Hook 國小槍擊死了二十七個人，其中二十個是小一。看看那一長串六歲兒童的照片，誰不會覺得這個國家已經瘋狂？

•••

全世界都有不想活下去的人，美國未必比較多，為什麼類似悲劇總在美國上演？答案非常明顯，就是「槍」，根本不需要討論。

政客說「笨蛋，問題在人，不在槍」，試圖解決人的問題，逃避槍的問題。但事實是——混蛋，問題在槍，不在人——政客也知道自己是在強大壓力下妥協的混蛋。

美國有四億多把槍，全國三億三千萬人，包括剛出生的嬰兒和醫院臨終病人，每個人都可以分到一把，分完了足夠再分給台灣每人五把。美國人口只占全球四%，卻擁有全世界四十%槍枝，全世界幾乎所有民用槍枝都集中在美國。

在美國近半數的州，十八歲的孩子不能到 7-ELEVEN 買啤酒，卻可以大方走進槍枝專賣店購買一支AR－15半自動步槍，外加幾百發子彈。AR－15和台灣國軍用過的制式M－16步槍並無太大不同，差別是連發裝置必須移除，諷刺的是，恢復連發的裝置能在網路上合法購得。YouTube 上一堆影片教人如何把步槍合法改造成殺傷力更高的機關槍。

戰場殺敵的武器在美國被用來自娛，民間火力與許多國家的軍隊不相上下。二〇一七年在賭城拉斯維加斯演唱會發生的六十人喪命慘案，兇手就是使用了恢復連發裝置的機槍對著人群掃射，宛如打電玩。二〇一八年佛羅里達共十七人遇難的校園槍擊慘案中，十九歲的精神疾病兇手同樣合法取得了AR－15自動步槍和兩百多發子彈。

一樣東西太平常，就不會有人把它當回事，所以會出現六歲學童開槍打傷老師的荒唐——不是意外，而是出於憤怒；也會出現四歲孩子拿著彈匣滿載的手槍在家門口玩的畫面；也會出現大狼狗踩到上膛的獵槍，把主人擊斃的奇譚。明明不是身處戰場，子彈為什麼隨時都上膛？

在槍枝管制較鬆的州，行人可能腰上掛著槍逛大街。太平盛世有必要身上隨時掛槍嗎？一公斤不嫌重嗎？想表彰的是什麼？是表彰需要還是表彰心態？還是只因為看起來很酷？如果問了，他會說那是他的自由。所以有人身上掛槍車裡也放槍，這些地方的駕駛人特別禮讓，沒人亂按喇叭、沒人比中指，因為車裡都有槍，誰也不敢得罪誰。這不是禮教，這是恐怖平衡。

有槍才能自保是錯誤的邏輯，卻又不得不遵行，因為別人都有槍，不想要槍的人只好也去買槍，否則無法平衡安全，這叫霸王硬上弓的需求。然後大家都說要有槍，也製造了不可忤逆的民意。禁槍就是要美國人的命，就是違反主流民意。全世界只有在美國自衛需要用槍，在台灣只要擀麵棍就夠了。

⁂

今天的美國到底是人人需要槍，還是槍商們製造了一個不能沒有槍的環境？

美國之所以人人有槍，是受到一條兩百多年前的憲法保護。此條憲法真正的意義不是讓人打獵自娛，甚至不是為了自衛，而是給予人民組織民兵對抗政府的能力。十八世紀政府所使用的武器和人民能取得的相同，所以憲法給予人民抗拒政府的權利，這才是准許擁槍的真正精神——給你推翻政府用。當然，時至今日，誰也不會蠢到用手槍或步槍去對抗現代化正規部隊。

但這只是故事的前半段，後半段是槍商與政客狼狽為奸搭著保障憲法的便車，把美國帶入了如今的下場。

槍枝在美國已經存在了幾百年，近二十年才密集爆發集體屠殺，因為軍事槍枝進入了市場。攻擊式衝鋒槍先禁後開放，二〇〇四年進入民間，現在全美已售出兩千萬支，成為最新的美式圖騰、刻意製造出來的文化認同。

為什麼被禁的屠殺工具突然開放？因為廠商用說客和政治獻金影響國會，放寬限制，讓民間也可以擁有戰場上的殺人機器。一把手槍售價兩百美元，一把衝鋒槍的價錢是手槍的四倍，如果所有玩槍的人都升級為衝鋒槍，商機就是四倍，導致全美幾乎每一家槍商現在都生產AR－15。兩千萬支衝鋒槍就是這樣來的。

槍商以市場行銷與電玩業和造型設計業合作，把軍用槍枝搬入虛擬世界，把武器帥氣化、專業化，可以自行組合配件，像服飾一樣創造個人風格，再配上狙擊鏡、手電筒、穿上迷彩服，讓每一個美國人都可以在家享受突擊隊的帥。

槍商還策動網軍，發動社交媒體群組討論製造影響力，把能上戰場的衝鋒槍淡化成誰都可以帶回家的運動器材。從更黑暗的一面來看，每發生一次屠殺，槍枝銷售量就會暴增——大家都出於恐懼而搶購。每次發生集體槍擊案，社群網站就會出現謠言，說衝鋒槍很快會被禁，勸大家趕快去買。每一次慘案對槍商都是一次免費促銷，這是流著鮮血滋養槍商。

靠市場行銷製造網路討論還不夠，背後還得配合遊說與關說，讓槍枝管制永遠過不了關。華盛頓的政客很多都收到槍商的大批政治獻金，修法是一條沒有人敢觸碰的禁忌。偶爾政客被逼急了，丟出一兩條敷衍的修法，做些皮毛修正，比方一個彈匣不能超過三十發子彈，讓殺人稍微殺得慢一點，給原本可能被打死的下一個人多幾秒的機會逃命，也就算是法律的恩典了。

••••

看過一個西部拓荒紀念館的雕像，那是對美國精神描述最誠實的雕塑：一對父母帶著兩個幼兒，其中一個抱在懷裡，母親袒胸露乳地正在哺乳，另一個幼兒恐懼地抱著爸爸的腿。爸爸勇敢挺胸打量著遠方，腰間掛著一把槍。那支槍是拓荒時代面對橫逆、挑戰恐懼的所有依靠。

盯著那把槍我看了很久，也困惑了很久。看過那座雕像，不會有人說美國人不應該有槍，槍帶領美國開拓西部，分享美國的冒險犯難，是美國歷史的一部分，是崇高的象徵，為什麼今日卻淪為血腥？

如今的美國正以每年四萬五千條人命的代價，對應著雕像訴說的歷史，把當初那份准許推翻政府的崇高糟蹋殆盡。如果你不敢放心帶著家人去看電影，辦一場露天音樂會得派出大批持衝鋒槍的特警保持警戒，其他自由都是空談。

槍枝暴力在美國無解，任何限制在國會都永遠過不了關。人們唯一能做的就是讓集體屠殺繼續發生，然後繼續參加燭光晚會，繼續哀悼。

騎車腳會痛去看醫生，技師照 X 光照了右腳就打算收攤，我說兩隻都有問題，左腳也照一下？他說單子上只寫右腳就只能照右腳，今天也只能看右腳。左腳呢？得重新再約。好吧，等了兩個月只能看一半。

醫生來了，坐下來就跟我寒暄，問我喜歡什麼運動。我說騎登山車摔過受傷，他不問我怎麼受傷，反而問騎哪一款登山車、去過哪些地方。我只好也問他嗜好，宛如幾年不見的老友，聊到後來都忘了是來幹嘛的。我沒把他當醫生，他也沒把我當病人。

總算切入正題後，醫生詳細解釋我的情況、有哪些選項，如果動個皮肉小手術後續發展如何，不過得排到幾個月以後等等。

美國真沒效率，但醫生真好、真幽默。

回台灣看醫生沒有預約，只等了二十分鐘，見到醫生不到兩分鐘就出來，沒有其他任何資訊，只知道要去拿藥，也知道一定有效。每一個人出來都拿著藥單，很滿足。

如果我問醫生嗜好，他會先叫警衛後再昏倒。

美國的鴉片戰爭進行式

在美國，捷運的廁所若非必要，通常我們都不敢用。

距今多年前某次在舊金山下了捷運兒子想上廁所，匆匆趕去看到已經有個老女人在等——即使如大城市舊金山的捷運站，廁所也是男女共用，一站只一間，一次一個人。我問她等了多久，她說至少十分鐘，還勸我找其他廁所，接著就用髒話破口大罵裡面的人。我只好到下一站的百貨公司解決小男孩的尿急問題。

舊金山的公廁經常碰到這種情形，裡頭的人很可能是在打毒，我懷疑等候的人動機相同。這裡的「打毒」只是一個通用口語，毒品可能是吸的、可能是打的，也可能是吃藥丸，外行的我們不會懂。

若哪次運氣好在舊金山捷運上到廁所，不妨往垃圾桶裡瞄一眼，很可能看到針頭。

舊金山平均每天撿拾到四百多支針頭，外加三百多支街頭收集箱的針頭。開發中國家的廁所標語提醒人們洗手，舊金山公廁則提醒人們處理針頭。某些公廁甚至有「針頭收集箱」那種全世界獨一無二的貼心。

公廁在舊金山和毒品相依為命。為了「防毒」，捷運削足適履鎖上了廁所，全體市民慘遭池魚之殃。

早年人們還遮遮羞羞躲入廁所打毒，現在舊金山金融區處處看得到昏睡不醒的人，光天化日也可能看到有人施打毒品。深入毒區走一圈，你會懷疑這國家到底還有多少人清醒著。舊金山的毒區緊鄰精品區，旁邊就是聯邦法院與市政府，由於販毒太嚴重，法院甚至公告要求員工盡量在家工作。Covid 疫情早已結束，今日卻為了「毒」而非「病毒」，再次讓員工回家工作，造就世界奇聞。

不只舊金山，二〇二二年全美國超過十一萬人因為毒品而死亡，是意外死亡排行榜第一名。越戰二十年美國陣亡近六萬人，現在每一年「因毒捐軀」的人數是越戰二十年總和的兩倍——凱道廣場到景福門全部塞滿滿，剛好就是十一萬人。美國每年都有這樣一望無際看不到邊的人因毒消失，一年送走一批，年復一年，源源不絕。

死亡數字如此龐大，勤務中心每天都接到吸毒過量昏迷的報案電話，現在規定九一一救難人員隨身攜帶一種叫 Narcan 的緊急噴鼻解藥，救火之外還得「解毒」。有些城市在圖書館備妥解藥，訓練圖書館員成為第一線急救人員，有些公立高中正考慮跟進，全美街頭陸續出現了「解藥販賣機」。再這樣下去，以後說不定加油站都買得到「解藥」。

那舊金山呢？眼見法院外頭就能公開販毒，企業和大型年會紛紛出走，體認到事態嚴重的政府最近讓高速公路巡警和國民軍聯手入駐舊金山，下次若在街頭看到穿迷彩服拿衝鋒槍的軍隊別以為美國宣布參戰了，他們只不過是在自己的國土上和自己開戰。

一切卻都晚了。

••••

那天和大衛聊天，聽他說什麼都不能吃才知道，他兩個腎臟都快掛了，全是長期吃止痛藥的結果。詢問為何吃止痛藥，他說因為長期痛風。大衛吃的是不需要處方箋就能購買、內含布洛芬（Ibuprofen）的止痛藥，長期服用會損害腎臟。

我不知道大衛為什麼明知長期吃止痛藥傷腎，不去解決痛風，而是對付痛風製造出來的痛。也許他只想解決症狀，不想改變飲食解決根本問題，畢竟叫症狀閉嘴便宜又迅速，五分鐘就見效。

美國人動不動就疼痛，我總是奇怪於他們有這麼多病痛。周遭最常聽到的是腰痛、手腕痛、背痛、頸子痛、關節痛或偏頭痛。

以前我老闆是越戰退伍軍人，常常腰痛，也是一痛就吃止痛藥。我介紹他去看針灸非常有效，醫生建議配合吃中藥，但對他太不方便，去了幾次又回頭吃止痛藥。體重過重導致膝蓋無法承受、常常疼痛的話，根本解決之道是減重，不是吃止痛藥，可是很多美國人選擇止痛藥。

這讓我們似乎可以歸納出以下模式：美國人很容易痛、一痛就不能忍、一不能忍就要立刻解決症狀，而解決症狀最有效的就是吃止痛藥。面對疼痛，吃止痛藥壓抑症狀便是。美國人最大的慢性病就是疼痛。

有人說美國人吃不了苦、不肯受罪又沒有耐心，從這些小地方或許的確彰顯了幾許端倪。他們很少願意「為大局而忍」。

另一方面，美國人擅長在解決一個問題時製造另一個問題，因此得拿另一個武器把那個問題轟掉，然後又製造了下一個問題，接著再製造下一個武器……直到所有的大小問題全部閉嘴為止。把這套閉嘴哲學用於醫療，就是藥物若產生副作用，便拿另外一種藥壓制副作用，再用第三種藥壓制第二種藥產生的副作用。

平常極少看電視，Covid 疫情期間在家工作，休息時間偶爾打開電視，發現電視廣告不是止痛藥就是壓抑副作用的藥。把問題轟掉是資源豐富時解決問題的基本方式，也是商人樂見的消費哲學。「有痛消痛」為美國鋪陳了巨大的醫療商機。

⋯⋯

醫療不方便是孕育不願忍耐的止痛文化的部分原因，想看醫生經常得等兩個月。兩個月後我不是好了就是死了，哪裡還需要醫生？台灣「有病直接走進醫院」的文化，在美國只有急診才夠格。只不過踏進美國急診室你絕對會後悔。法律規定急診不能拒收，讓急診室成了沒有保險的免費醫院，看上去就像航班誤了三天的候機室。

醫療費用太昂貴則是人們不願意就醫治病的另一個原因，沒有保險看醫生能讓你傾家蕩產，有保險自付額也常讓你下巴微微脫臼。有症狀、有疼痛，自行前往藥局購買不需要處方箋的止痛藥，像大衛那樣讓疼痛閉嘴，成了最容易的選擇。

然而上述一切，不過是美國走上「毒」的第一步，真正的問題出在處方止痛藥。

處方止痛藥內含人工合成鴉片，不只是今天美國「毒」的最大來源，也讓美國自陷史無前例的鴉片戰爭。

對我們而言，鴉片是個遙遠的歷史名詞，我從來不知道現代的毒品原來和鴉片都有親戚關係，美國人也不知道從九〇年代開始，自己的國家就已悄悄進入了現代的鴉片戰爭。美國沒有受到列強欺侮，背後的魔鬼不是別人，而是知名製藥公司。

鴉片最直接的產品是嗎啡和海洛因。嗎啡在醫學上一直用作止痛劑，在鴉片家族中最善良。海洛因因為藥效強大而且容易上癮向來被禁用，淪落為鴉片家族的不良少年。現代文明的普世價值認定吸海洛因的都是壞人，全世界的監獄都有這些壞人的影子，美國監獄就有二十六%是毒犯。

然而，製藥科技改變了「吸毒就是壞人」的定義，現代鴉片除了能經由人工合成，還能加入止痛藥中合法銷售。

著名的普渡製藥在九〇年代以化學合成的鴉片奧施康定（OxyContin）製成了新型止痛劑，對於止痛具有神效，是癌症末期病患一大恩典。起初，美國食品與藥物管理局限定只能開給癌症末期病患，普渡藥廠卻靠著影響國會再配合不實廣告，把內含奧施康定的止痛劑定位為「每天都能安心服用的止痛藥」，在公共媒體上大作幸福溫暖快樂形象的不實廣告，幫助美國人解痛。

另一家藥廠 Insys 見有利可圖，推出一系列合成鴉片的棒棒糖和口腔噴藥，把會造成毒癮的管制藥品裹上糖衣，再美化成能為長期病痛的美國人解除痛苦的良方。其他藥廠紛紛跟進，把鴉片摻入止痛劑，搶食這塊每年三千億美元的大餅。合成鴉片毒冠芬太尼（Fentanyl）隨後也出現在合法處方止痛劑中，其藥效是嗎啡的一百倍、海洛因的五十倍，藥效愈強，癮度和危險度當然愈高。

自此以後，美國便進入了二十一世紀的鴉片戰爭。妖精出了魔瓶，再也收不回去。

⋯⋯

長期服用這類止痛藥的病人，三十五％最終都染上了毒癮。現在全美有毒癮者八成都始於處方止痛藥，也往往是因為長期病痛才走上這條路。他們是病人，而非犯人。

那一回騎登山車墜落摔斷鎖骨送急診，很有良心的急診醫生說可能要動手術打鋼片把骨頭接回去，但這不屬於急診範疇，要我自己去看運動傷害專科醫師，眼下只能給我止痛劑回家休養。當時不知道他開了什麼藥，還真靈，吃一顆馬上不痛。

急診醫生開了三天份，我吃了一天不再疼就沒有繼續吃，現在則知道那止痛藥內含合成鴉片。當時沒人聽過合成鴉片這詞，也從來不曉得單純的止痛藥會有風險。我沒有上癮，但類似的止痛劑有人吃了一星期就上癮。一個吸毒者很可能就是這樣製造出來的，你能說他是犯人嗎？

今天美國的「痛人口」占總人口三分之一，很多人必須長期服用止痛藥、依賴處方止痛藥才能過正常日子。疫情前的高峰期，全美國一年開出兩億多張處方止痛藥。

染上毒癮的有退休老人、家庭主婦、勞工族、退伍軍人、學生，甚至孕婦和兒童。這些人的共通點就是服用含有合成鴉片的止痛藥而不可自拔。當合法限量無法滿足需要時，他們開始和不肖醫生合作，冒充癌症病人以獲取更高的劑量，或是借用朋友名義繼續拿處方箋，最後奔向毒梟。

毒品是全球現象，毒冠芬太尼卻是美國特產，全球八十%芬太尼都進入了美國人的血管。

即便普渡藥廠最終因為不實廣告判罰六十億美元，卻已賺進了三百多億——這筆投資挺划算。而且直到今天，只要有醫生處方箋，成癮者仍能堂而皇之地拿著保險福利、打著止痛的名義，繼續吃合法的毒——可能蓄意，也可能毫不知情。

幾個星期前我動了個皮肉小手術，醫生同樣開了處方止痛藥。去藥局領藥時藥劑師強調非必要就不要吃，我懂了那意思。回家後上網查，那止痛藥含有和芬太尼同等級的管制合成鴉片 Hydrocodone。醫生開了五天份，二十顆藥，我沒吃，只拍照留念。這類管制藥品可以合法出現在任何你意想不到的處方止痛劑，深入美國的大街小巷，直到今天都如是。但並不是每一位消費者都知情，也不是每一個人都可以忍那個痛。

合法的毒之外，不合法的毒來自哥倫比亞。毒梟向管制較鬆的中國進口由地下工廠生產的高純度芬太尼，俗稱「中國白」，在南美包裝後，經由美墨邊界走私進入美國。高純度的「中國白」只要三毫克就能致命，那不過是一顆綠豆的量，毒性高到執法人員取締時都格外小心，不慎觸碰到都會中毒。墨西哥地下工廠裡，「中國白」價格一公斤五萬美元，走私進入美國經黑道轉手，街邊零售價飆升到二十五萬美元。

在台灣找工作只需要履歷，在美國很多工作需要驗尿證明清白。美國的驗血中心提供「尿液毒品檢驗」，毒品之普遍，可想而知。維持毒癮每星期要一千多美元，沒有人能夠長期負擔這等開銷，於是有人變成毒犯，有婦女被迫賣淫。有人被捕時高興得哭了，因為知道那是挽救自己唯一的方法。

⋯⋯

西維吉尼亞州是全美國毒癮最嚴重的州，此地出產煤礦，多半都是教育程度較低的白人勞工，工作傷害的比例也高；其中又以小鎮杭亭頓（Huntington）為全美國毒癮之冠，曾有四小時內連續二十八個人吸毒過量的紀錄，鎮上的消防隊疲於奔命卻不是救火也不是救難，而是「救毒」。

另一個讓杭亭頓成為毒癮重災區的原因是藥廠有計畫地與藥商和當地醫生聯手，大量推銷止痛藥。鄰近只有四千人的威廉森鎮，一年開出的止痛藥高達兩千萬粒，平均每人分得五千粒。這怎麼可能不是醫生亂開處方，轉身再跟藥商拿回扣？

新聞播放著一位孕婦含淚打毒品，記者瞠目結舌說不出話——杭亭頓的嬰兒有十％帶著毒癮出生，也有夫婦都上癮的，有些甚至一家兩人以上死於吸毒過量。小鎮只有三萬多人，都是你我一樣的市井小民，現在卻榮登世界毒都。

⋯⋯

毒品無處不在，吸毒年紀也愈來愈輕——十二歲。

二〇二二年舊金山街頭一位十六歲少女吸毒過量致死；二〇二〇年聖荷西一名十二歲女童因吸毒過量致死，成為全美最年輕的毒品死者，賣毒給她的毒梟十六歲。矽谷兩大城市一南一北互別苗頭，科技不讓人，毒品也不輸人。小女孩們不是未婚懷孕、也不是吸大麻，而是吸毒過量致死，另一頭是十六歲就當毒梟，像是一群孩子玩辦家家酒。這些都發生在矽谷——發明 iPhone 的矽谷。

我們禁不住想在心底問：這個國家到底出了什麼問題？那個十二歲孩子的父母到底出了什麼問題？但除了一閃而過的電視新聞，沒人分析、沒人討論，畢竟新聞版面就這麼大。

在很多歐洲國家，吸毒已經除罪化，只懲罰毒販。有毒癮的人需要的是幫助而不是懲罰，他們同樣是受害者。如果懷孕的婦人會含淚打毒、如果十二歲會吸毒過量而死，一個理性社會應該知道，問題已經不在如何懲罰。

⋯⋯

或許這一切都是過度講求獨立自我，自力更生的副作用。

加拿大一位教授用老鼠做實驗，證明毒癮與群體生活的關係。他用同樣內含海洛因的食物餵食兩組老鼠，其中一組有豐富的群體生活，籠子裡放滿了各種娛樂器材；另一組分成好幾個籠子，每個籠子都只關一隻老鼠，籠裡空無一物。實驗結果發現，落單那組每一隻老鼠都對海洛因上癮；群體生活豐富那組則全部正常。該教授的結論是，毒癮的關鍵在於是否「孤立」，也就是個體是否和社會脫了節。

看看那些有毒癮的人，大多是失業、失意、沒有家庭的人，社交豐富的人即使長期服用內含人工鴉片的止痛藥也未必會上癮。再回頭看看美國的「痛」文化，其實那未必是美國人的病痛比較多或痛得比較嚴重，而是因為孤立。由於沒有豐富的群體生活，情緒燃點變得非常低，一點點疼痛就無法忍受，必須倚靠藥物來解決，同時也容易上癮。我們咬牙可以熬過去的，對他們可能是萬丈深淵的開始。我們痛到不能忍有家人可以安慰，他們痛到不能忍，唯一的慰藉就是止痛。

我們常常很自然地把犯罪統計數字和黑人畫上等號，放到毒品上卻完全錯誤。那些在舊金山人行道上昏睡的人，雖然有些因太久沒洗澡看不出膚色，但從輪廓看得出大部分都是白人。全美白人占總人口六十一％，芬太尼過量致死率高達八十一％；亞裔占總人口七％，過量致死只占一％。這似乎告訴我們問題在於文化與家庭。

美國很多人一滿十八歲父母就不再負擔生活，甚至要小孩搬出去，有些人下次回老家就是參加父母葬禮。我常常懷疑這到底是為了孩子的獨立，還是無情。若是未成年孩子吸毒致死，問題當然出在父母。美國很多孩子十幾歲就流浪在外，幾個月不回家，父母不管也不在乎，經年累月不知道孩子下落，連失蹤或被殺害了都不知道。這當中很多是單親，父母自己是酒鬼或毒蟲。很多父母有點錢就度假享受，不管孩子的教育與生活。亞裔家庭則極少發生這類情況。

舊金山街頭的乞丐、流浪漢、醉漢、毒蟲，從沒看過華人和印度人，連最貧苦的墨西哥人都沒有。外來族裔的立足點遠比一般美國人差，也都有千百個理由可以麻醉自己逃避困頓，為什麼昏睡街頭的多半是白人？是其他族群較能吃苦，還是因為有家人接住？也許兩者都有。

美國的鴉片戰爭反映的不是痛，甚至不是毒，而是美式文明最黑暗的一面。

面對苦難，美國人往往是獨自承擔，撐不過就垮了。撐過、撐不過，都是自己一個人的事，或許永遠不會有其他人知道。美國人要的獨立和自由，並非沒有代價。而也許，這才是美國應該尋找解答的方向，無法仰賴街頭穿迷彩服戴太陽眼鏡、帥氣十足的鎮毒部隊。

舊金山吸毒的人實在太多了，多到當街吸毒警察只能視若無睹。如果把這些人都抓起來，監獄就得放掉一半刑事罪犯。放掉真正該關的vs. 放任大街吸毒，後者顯然還是德政。

最近市政府推出感人的作法：只要不吸毒，政府就給你錢。

扼要來說就是吸毒者每周測試一次，只要通過就可以領十美元。更感人的心思在後頭：獎勵愈到後面愈大，原因是毒品愈到後面愈難戒。最後每通過一次檢驗就可以領到二十六美元。這數字對於睡街頭的人來說可是重要的生存依靠。

一整個療程下來，最多可以領到五百九十九美元。

為什麼不是整數六百呢？曾經讀過但忘了，而且應該記住的要點是：在舊金山，只要不吸毒就是好國民，值得獎勵。

舊金山最不方便的就是上廁所。

必須買杯未必需要的咖啡才能拿到星巴克的廁所密碼。捷運站廁所長年上鎖，怕有人在裡面吸毒。金融區街頭裝了像巴黎那樣的歐式自動清潔廁所，但後來也上了鎖。沒上鎖的朝九晚五派人看守，下了班就鎖起來，害怕遊民入住永遠不搬出免費旅館。

朋友在舊金山開戶銀行辦事，臨走前想借用廁所，行員說「對不起，洗手間只供員工使用」。真懷念台灣方便又乾淨的廁所，這麼簡單的文明在舊金山卻艱難又遙遠。

舊金山市政府打算在某社區公園蓋一間男女共用、只有一個馬桶的小廁所。要多少錢？一百七十萬美金。要蓋多久？三年。因為牽涉到排污管線、環保評估、社區評估、許可核准、封鎖交通、建築藍圖、企案管理，還得防止遊民入侵長住，最後再加上建築費高漲。

以前讀過美國軍方一把鐵錘的成本是四百三十美元，相關規格厚達一本書，換算成今天的物價是八百美元。現在廁所也追上了。

蓋一間公共廁所都能扯上如此的官僚和費用，看來最合理的選項就是忍著不要上。

我才不要管理美國人咧

我不怕挑剔的人，卻害怕碰到長髮披肩的男人，長頭髮、挑剔、若偏又真有兩把刷子，就更難纏。

踏入職場第四年已經算老鳥，工作是系統管理，有一天碰到一個長髮披肩、走起路來虎虎生風不停甩頭撩頭髮的新鮮人，要求開一個 E-mail 帳號，我開了，他回頭說不喜歡要求更換介面，丟了幾個詞我都沒聽過，裡頭就算參雜了食物名字我也聽不出來。我不知道介面還可以換，這種人喜歡丟一些術語彰顯專業，然後殷切地盯著你的眼神，等待迎接勝利，就像對蹲在路邊賣青江菜的阿婆講 ChatGPT。

美國混久了我早已學會臉部風平浪靜，用一絲假笑回應再轉話題。那天假笑卻無效，長髮男用眼神一定要我表態。

沒聽過那些名詞只有兩種選擇，一是當場問那什麼玩意兒，二是裝懂並迅速打發，希望對方改聊他的頭髮。那時代沒有手機解圍，現在我總是把手機設震動掛在腰間，相信我，假裝接電話對脫身超管用。可是我台灣來的又是老鳥，不懂也得裝懂，心想一咬牙就熬過了。長髮男既然逼我對沒聽過的東西表態，我只能胸有成竹回答「喔……那些東西我們不支持」。

如果在台灣，即使是一流的混蛋，走到這一步不也該知難而退嗎？當下他是算了，那天下午我卻突然爆紅——在沒有社群網站的時代，爆紅並不容易。

長髮男在工程部電子布告欄撻伐我官僚，偏又寫得一手好英文，害我還得先忍著查字典劃重點學習。但這就是第一天上班，大學剛畢業的菜鳥，這就是美國工程師，這就是長髮披肩的美國工程師。我能不怕這種人嗎？回想我當菜鳥工程師的日子，老鳥叫我洗車都光榮得不得了。

•••

年紀稍長的人也許記得七〇年代台灣少棒在美國爭奪世界少棒冠軍的這一幕：雙方打成平手延長三局，美方捕手關鍵時刻頻頻漏接，美國主力投手氣得把手套往地上一摔，走人不玩了。在電視實況轉播之中，在眾目睽睽之下，在教練下巴掉到地上之後，他不投了！接下來美國隊兵敗如山倒，中華隊獎盃唾手而得。

台灣投手如果耍這種脾氣，最好就地落跑不要回台灣，否則全國撻伐黑道追殺，地下賭盤為他不知道輸掉多少。但那位耍脾氣讓美國丟掉冠軍寶座的小六孩子走出場，大概沒有人會責怪他，說不定還受到百般問候與關懷。美國人從小就告訴孩子情緒最重要，受委屈、遭挫折就要大方表達出來讓全世界知道。孩子的情緒值得換國家冠軍獎盃，也完全符合美國人公認的價值。

過度保護情緒造就了情感脆弱不堪一擊，第一強國的國民情緒堪稱全世界最脆弱，同樣挫折亞洲人會選擇忍辱吞聲顧全大局，美國人往往轉身走人。

曾和幾位同事安排訓練課程，課程前一天老闆覺得講義太冗長，把比較不重要的部分刪了。當時已經下班，來不及和該部分的主講同事溝通，隔天早上他憤怒地轉身就走，離開時順手搞亂了幾張排妥的桌椅，好像情緒來了一定得砸點東西，找隻倒楣的狗踹一腳才划算。

新聞報導一架乘客已經坐定即將起飛的班機上，兩位空服員發生爭吵互耍情緒，雙雙抓了包包下飛機走人。少了兩位空服員，飛機無法起飛，緊急找人代替，班機延誤兩個多小時。

不管做任何事，跟美國人合作最害怕的就是耍情緒，不爽、不玩了。就連玩樂團，美國人技術好、設備好，但愛耍脾氣，不高興就走人，所以我們樂團最後存活下來的都是亞洲同好。

這是美國的情緒代價。

⋯⋯

在美國，我從事的科技業可以走技術也可以走管理，兩者平行，沒有高下之分。專心走技術最終一樣能取得資深總監，甚至副總裁職等。人盡其才的安排相當合理，否則資歷長了、薪水高了，想繼續活下去非得走管理路線不可，這是何等糟蹋？

畢竟擅長技術者未必懂管理，管理長才未必需要懂技術，硬把兩套不同的專業放在一條路上，逼著資深人員為生存走上管理無異於慢性謀殺，也害了企業。

矽谷很早就把兩條路分開，讓有能力的人各得其所。技術專業的薪水和年紀超過老闆叫正常。一個管人一個管技術，在平行的路上誰本事大薪水就拿得多，合情也合理，也給不想做管理的人開了一條生路。

美國人難管理，尤其是工程師。管理他們就像帶一群貓，各有各的想法，誰都懶得理你，弄不好還被貓告。帶六隻情感脆弱又剛吃飽的貓咪逛西門町而且不准牽繩，你就懂我意思了。這不是技術問題，是文化問題。學技術我很樂意，學民族性就是逼我改行。我不想、也不善於處理人的問題，尤其是美國人。

在美國，個人大於團隊，團隊大於國家，一切以自我為中心，由小而大、由內而外，和我們完全相反。當一個在由大而小，逆來順受的環境中長大的人來到美國，面對的一切都是逆向邏輯，自然會發生困惑。很多華人對管理美國人的頭痛，程度足以更改職場生涯規劃。

•••

進入職場第八年，白人主管離職，大老闆希望我接收五人團隊。我認真衡量了一下：團隊中有兩位亞裔，三位白人，其中一位長髮披肩的白人是我心中最大的擔憂，他技術好，但我行我素只撿喜歡的做，天塌了都和他無關。以我們的標準叫自私，以美國的標準是對自己誠實。另外兩個白人雖然帥了一點，但看起來算老實，最終我接了單。

管理是資源分配的藝術，團隊裡雖然有難纏的，但有不抱怨的亞洲人可以平衡，大老闆讓我做幾個月試水溫，我也為人生即將轉換跑道走管理路線做準備。

做了一個多月還算順利，直到那一天，其中一位忠厚老實的白人約我在會議室見。走進會議室，我看到一雙血紅的眼睛。老實男開口前那半秒鐘，我懷疑他是不是要跟我單挑，很快地發現我錯怪了他——他應該是剛哭過。

老實男開頭第一句話是「你知不知道你傷害到我了？」，偌大又有點帥的巨人，瞬時手指一戳就能推倒，因為稍早在會議上，我說「你連這個都做不出來？」。這樣的話在亞洲天天出現，大家不也活得健康又快樂？

三個月後，我回頭重做工程師，直到今天都志向未改。就管理美國人而言，我是還沒開始就失敗了。

還有，美國人在情緒上就是這般脆弱卻真誠。

⋯

由小而大、由內而外，以自我為中心的美式簡單邏輯，從英文地址就能看出端倪。

隨便以不存在的地址「台中市中山路一段一二三巷一二三弄五號七樓之三」做比喻，在中文裡，這個地址毫無疑問是從「台中市」開始，由大而小跟著一步步就找得到。如果用英文卻得反著來「之三，七樓五號，一二三弄一二三巷，一段，中山路台中市」，不只繞口還違反邏輯，從結尾逆著走，必須走完最後一步才知道怎麼回事。

東方由外而內縮小範圍的邏輯，即使不完全仍可略知大局。美式邏輯是以自己為出發點，用自己的眼光來看世界。可是反著來差一步都不行，連在哪個城市都不知道。不信？在Google地圖打入「五號七樓之三」，連Google都會罵你神經病！

由大而小的東方邏輯是，沒有第一步就不會有第二步，因此我們才了解自己在大環境中的角色、知道自己的渺小、也學會謙虛；美國一切相反，每件事都從個人立足點向外看，思考環境對自己的關係，而不是自己在環境中的角色，主從顛倒。站在地球上看宇宙，當然認定地球是宇宙的中心。看不到全局，就難以知道自己只是個配角。於是自信的美國人很容易就把自己當作舞台上的主角，甚至是唯一的角色。

地址邏輯東方國家多是由大而小，西方國家多是由小而大，西方的個人主義似乎同樣反映在如此微小的地方。

•••

整個西方文化都以自我為中心，但若和歐洲人談起美國人，他們卻認為美國人除了自我，還有自大。美國富強了一百年，幫忙打贏了兩次世界大戰，一路被人羨慕著。當全世界都羨慕你的時候，自然容易自大。

美國的孩子一路在鼓勵和誇獎中成長，表現明明不怎樣卻期待掌聲和鼓勵，不知道什麼叫挫折，有委屈非得一吐為快，培養出了以自我為中心的思維以及「不在乎別人眼光」的特長，只要喜歡，任誰也擋不住。可以說是自信，也可以說沒有自知之明。

美國人的過度自信，海灘就可見。有些讓你不小心看一眼就會後悔一輩子的人，自在地面對天空裸體躺在沙灘上，就像客家人晒蘿蔔，只是蘿蔔們並不知道自己是蘿蔔；明明已經胖到不可收拾連路都快走不動，老愛穿陽光健康的短褲和緊身運動衣，贅肉從袖口和腰間擠出來，宛如即將撐爆的湖州粽子，卻打扮成要跑馬拉松。

我羨慕如斯勇氣，他們為自己而活，完全不在乎別人的眼光和意見。

然而，沒有分寸的自我是雙面刃，想消滅他只需大膽說句真心話。從小靠掌聲與鼓勵長大的孩子，如果未經歷練，很容易就與真實脫節。沒有歷練的自我是氣球式自信，針一戳就破。可憐的是連本人都驚訝自己如此脆弱，一句重話就熱淚奪眶。

相較之下，矽谷的有趣正是在此，因為天下五花八門的文化都在這裡匯集。這幾年矽谷的美國人終於慢慢知道，世上有想法相反卻比他們優秀的人可以搶走他們的飯碗，甚至能當他們的老闆。

矽谷職場中的典型新移民是不敢問、不敢說、不敢拒絕、不敢要求、不敢爭論、不敢抱怨、不敢和別人不一樣、不敢認錯、不敢說不會、不敢失敗，因為在亞洲，不知道、犯錯、失敗都可能受到懲罰，逼得不知道裝知道，錯了就硬拗，因為害怕失敗而不敢嘗試，只求暫時的表面和諧，而上級也買這個單。

如果把上述每一個「不」拿掉，剛好就是美國人。除此之外，美國人擅於保護自己，對邀功絕不客氣。該由他做的事、該由他講的話，千萬不要幫忙，他會以為你在搶舞台。

我曾幫一位休假的同事回一封 E-mail，隔天他馬上來興師問罪，一點都不隱晦。現在我學會即使對方快淹死了，只要沒求救就不出手，假裝沒看到他為很簡單的問題受苦，壓住幸災樂禍的表情即可。我們覺得沒什麼的，在他們卻可能傷害自尊心。學會做一個不得罪人的好心人，是簡單的文化題。在矽谷做事容易，但在不同文化的同儕間做人，遠比在台灣要困難。技術沒有同質性的問題，但文化上從走進辦公室那一刻就牢牢緊跟著你。

印度人？他們是上面所有的總和，既有東、西方共同的長處，也有共同的短處，且可依照季節需要彈性處理，那正是他們的競爭優勢。

⋯⋯

管理美國人就是管理情緒，管理「理」。美國人不知情卻很達理，是個講理的民族，一旦以理說服，不會為了面子硬拗。想管理美國人，得先學會說服的能力，偏偏華人普遍沒練過這般武藝。亞洲人說服人往往靠「因為我是你老闆」。

雖然二十多年過去了，我心底仍藏著「老實男覺得那麼受傷，是不是跟我的膚色有關？」這真誠卻沒有答案的問題，但說得誠實一點，當年的我只是單向抒發自己的情緒，那不叫管理。

如今若再發生老實男事件，我會用不同的方式開口，「可不可以分享一下你的困難？」或「要怎麼樣幫助你達到目標？」。讓老實男自己表述，而不是封他的嘴。

美式管理說穿了就是溝通、了解與協助。假的都行。下屬說烏龜病了無心工作，主管就得陪著一起在乎。別搞錯，下屬是真難過，可不是藉機偷懶。用公司的資源送他半天假也委屈不到你。別那麼死心眼，當成是廉價投資有何不好？

比較美式與亞洲式管理哲學，其實很快就能看出差別。

亞洲式若碰上有能力的管理，立收立竿見影之效，因為一個人說了就算，大家很容易同心協力「朝那個人的目標」努力，沒有摩擦、也看不到問題。但零溝通會讓潛在問題暫時閉嘴，再像癌症一樣跟著團隊一起成長，直至崩潰無法收拾。我們也都見識過，獨裁建設最快速，但背後跟隨的必然是腐化。西方式管理短時間內不易看到績效，大家都在妥協與溝通之中摸索碰撞，問題將在萌芽之初就浮出檯面，不必等到癌症末期。

美式團隊是先兵後禮，大家抒發情緒把話表白在先，團隊不易有隱藏的危機，不啻是另一種優勢。東方式團隊則是先禮、後也禮，只是全都是假禮，背後怨聲載道，除了上面的人，誰都聽得到。

當然，同樣誠實地面對往事，老實男的程度是否很差？當然；是不是該罵？絕對。但在管理上，「當然、絕對、事實如此」都無法成為理直氣壯的藉口。

管理與其說是管理「人」，不如說是管理「目標」。管理是幫助對方達成目標，而不是告訴對方事實。管理是藝術，不必合乎科學，因為我們不是管理「事情」。如果把亞洲人管教孩子那一套拿到美國，全美的孩子都會崩潰。

亞洲式管理是單向要求，從家庭、學校到職場都一樣。這種一氣呵成的角色對管理者有利；美式管理者的角色定位是「幫助與輔導」，要學會觀察、關懷，迎合他們的情緒，而且必須容忍「忤逆」式下對上的管理。所以在管理哲學上，也能看出亞洲式由外而內vs.西方由內而外的差異。

兒子小時候老師就不斷提醒家長，孩子不屬於任何人，只有他們才是自己的主人，家長的角色只是從旁輔導。

訪談奧斯卡最佳女主角楊紫瓊，談到得獎電影《媽的多重宇宙》表達的是亞裔母親在這種文化下的衝擊，亞洲父母用「要求」來管理孩子，一見面就先找可以批評的地方下手，「為什麼現在才回來？」、「你該減肥了！」，說完覺得說重了又拉不下臉妥協，只好拿食物填補，趕緊加一句「吃飯了沒？」。很多美國的亞裔父母在這般衝突與矛盾中來回衝撞著把孩子帶大，搞得大家都困惑。

矽谷則是集大成之地，沒有一個團隊可以清楚切割東方或西方，唯一行得通的就是矽谷式管理——人盡其才——管理的藝術不就是管理資源嗎？很多美國人很會想、很會說、很有意見，卻光說不練，愛說就讓你說到口乾舌燥，愛做就讓你做到人老珠黃，團隊裡各種天份都用得上，成功了大家都分一杯羹。

只要方向對了，只要目標達成了，誰都不需要委屈。

回台灣時打電話請人送瓦斯，老闆進屋先脫鞋，我說不需要脫老闆沒理我，光著腳就進來了。老闆穿的是拖鞋，可能是為了穿脫方便，把脫鞋當成禮數，我卻看到安全問題：這麼重的瓦斯桶，雙腳竟然完全沒有保護。

美國工人進屋不脫鞋，因為不符公司規定。我家上回換床墊，工人穿著工作靴直接上樓，樓上全是地毯。聽說曾有華人約了電纜公司，外面下著雨又是新換的地毯，屋主請對方脫鞋子被拒，理由是保險規定必須穿著工作靴。屋主不悅取消服務，後來仍收到全額帳單 ── 人來了就要收費。

怕地毯弄髒可以提供鞋套，在不同文化下，就不能堅持另一個時空所在乎的。

美國最令我詫異的是買了東西不喜歡可以退，不必編理由騙人。

我們買過一床羽絨被，用了幾天發現一模一樣的產品別家便宜很多，就憑這個理由，居然也能退。因為上頭標示得清清楚楚：三十天內只要沒有弄髒，不需要理由也可以退。

每年臨近聖誕節，很多人會購買聖誕派對晚禮服，穿完了大大方方拿去退。「不喜歡」是退貨最常用的理由。商家不會說不喜歡幹嘛買，也不會罵是奧客。是商家笨？大方？還是他比你聰明？

退貨成本其實都算在價錢裡，商家沒吃虧。

但這樣不也挺好的？為什麼要訂一個不留餘地的低價，然後又隨時準備翻臉？互相算計防來防去搞得買個東西提心吊膽，商家賺的也是辛苦錢。斤斤計較開始，斤斤計較收場，搞得大家都累、都成為受害者。

亞馬遜教會了我們一件事：商家大方，客人買得更大方。

為了防止當機，我們必須不知變通

除了呼吸和心跳可以順便，美國人無法一心二用，一次只能做一件事，而且必須符合程序，不能插隊、不能跳躍、不能省略，不能合併，不能出現例外。由於不知變通，他們無法面對不按牌理出牌，因此顯得冷酷無情。美國每一個人都把自己當作電腦。

••••

首先，做事必須符合程序，不能省略。

門市九點開門，下雨天的八點五十五分，沒有騎樓的玻璃門外排了幾個人打著傘，隔著玻璃往裡看著溫暖又舒適的大廳。店員已到齊坐定閒聊，門卻不能開，連先讓大家進來躲雨都不行。

無法提早五分鐘開門讓人躲雨不是沒有人情味，而是美國人已經被訓練成只看步驟、只看時鐘，手冊上說九點開門就按部就班、照章行事。也許保險規定客人在上下班以外時間發生意外不理賠。制度太健全，也可能綁手綁腳到無情。

最偉大的是雨中等候的客人。九點整門開了，店員親切招呼那位風衣淋得溼答答的太太，談笑風生中大家咒罵天氣，沒人抱怨不能進來躲雨……美國舉國上下就在這般和諧中，同心協力尊重那份不知變通。

在美國走進任何一家餐廳，一定要站在原地不動等候招呼。如果沒人，就得站著乖乖等。我和老婆走進餐廳，站在櫃檯前等候，隨後進來一位白人老太太排在我們後面。侍者走過來問我「幾位？」，也許她以為白人老太太是我媽，也許她把自己當電腦，該問的一定要問，不然會卡死。

••••

再者，由於無法一心二用，美國人沒有一邊做事一邊眼觀四面耳聽八方的能力。

如果你的美國同事正在忙，而你有事要問，絕對不能走過去劈頭就開口——這攸關性命——那會把他嚇出心臟病。標準程序是站在他的前面，耐心等他抬頭。如果他不抬頭，你就悄悄在那兒罰站。

同事是否沒看到？沒聽到？有可能，美國人做事時視覺和聽覺雙雙打烊。你可以故意把腳步弄得很大聲，或輕輕咳嗽一下，或熱情地和擦身而過根本不熟的同事大聲打招呼。但這些招數未必管用，因為同事很可能看到了也聽到了，卻沒有回覆的能力。他不是無禮，而是連對你說一聲「馬上就好」的能力都沒有，講完這四個字再回頭，他可能找不到剛剛的前後文。

⋯⋯

科技業僱人都會強調要有同時處理多件事物的能力，這是針對美國人說的，亞洲人一路在槍林彈雨的一心多用中長大，人人都能開課當講師。

回台灣時，我在麵攤對老闆點了米粉湯並想加點小菜，詢問有哪些有頭有臉的滷味——美國所有能端上桌的動物都看不到頭，看不到臉，也沒有心肝，台灣的就是有面子——話才講一半，走進一位客人很勇敢地打斷我，說要一碗米粉湯配燙青菜，講完了自己找位子坐下。

在無縫接軌中進行的這一切，我不覺得被冒犯，打斷我的人不覺得無禮，麵攤老闆同時面對兩個人的點菜而且其中一人還插隊，照舊接單。完全就是以和為貴的社會縮影。

同樣場景搬到美國，由於必須按照程序又沒辦法一心多用，我後面那位客人走進來不能自己找地方坐，也不可以未經店家詢問就自己開口點菜，得站著天長地久地等到我和老闆的對話結束了，該聊的天都聊完了，等老闆向他打過招呼（眼神沒有對上還不能先出手），他才能說明來意、有幾個人……全是廢話。他來吃飯的，就一個人，半徑一百公尺內看不到第二個人影，仍然得如實表態，把一切講清楚、說明白。

••••

最後是無力處理例外，沒有變通能力。

出差租了一輛車，遲遲沒收到電子收據，信用卡錢都收了，沒有收據就不能報帳。打電話去，客服卻說找不到確認號碼，自此以後變成鬼打牆，每次打去都回答找不到確認號碼。沒有確認號碼，車子怎麼租給我的？還車時也沒人奇怪這輛車打哪裡冒出來。如此簡單的問題沒人答得出來，也沒人想傷這個腦筋。

租車公司的客服專業又客氣，就是不知變通也不負責任——「負責任」對他們的定義等於把份內的事做好；更慘烈的定義是「我不過是一台照步驟跑的電腦」。每一位客服都重複說找不到確認號碼，鬼打牆了一個禮拜還跳不出僵局。

最後我提出創意的建議：信用卡不是收費了嗎？系統內部深處不是有我的信用卡號碼和那筆收費紀錄？從信用卡號碼不就可以追出收據嗎？客服回答「喔，那是會計部門系統，和我們不連線」，徹底自我揭露他們把自己當電腦！讓人見識到何謂美式科技官僚。

這個國家科技昌明太久了。

•••

工程師最痛恨的就是 debug。為什麼科技產品會出現 bug？大部分是因為例外，例外也暴露了機械式思維的弱點。機械式思維與機械步驟對於例外零變通、零處理能力。變通靠的是人腦，不是電腦。反過來說，電腦會贏，正是因為不知變通。

租車公司一整串客服都把自己當電腦，跳不出程式設計的缺陷。那就像流程設計不良的網站一碰到例外就不停「retry」，每一個新進的請求不知道別人都在鬼打牆，跟著繼續 retry。電腦很聽話、很努力，卻也很孤立，碰上例外就努力重複著同樣的失敗。

由於每一筆詢問都是獨立的，別人的失敗這條線並不知道，就算在同一條線上，方才歷經過的失敗，再次嘗試時電腦已經忘了。集體撞牆的結局就是把網站撞垮。

設計周全的流程則是考慮例外，做彈性處理。這是網站好或爛最重要的差別。

經營成功的網站其實就是這麼簡單——考慮例外，設計有彈性——也可以說這麼困難。檯面上的知名網站很少當機，你什麼時候上 Google 發現上不去？如果真的上不去，一定是 Wi-Fi 出了問題。

如果以為那都是砸錢靠備機來處理當機可就大錯特錯，金錢不等於彈性，背後靠的完全是「韌性和人性」。設計靠人，執行靠電腦，兩者互補，應該並存。

矽谷之所以成功，是因為設計系統的人很多都來自沒有資源的國家，想解決問題必須靠韌性。懂得變通不是聰明而是生存條件。矽谷吸收了來自世界各地最優的生存條件，知曉如何以韌求生。

然而，離開了充滿韌性的科技矽谷進入美國龐大的官僚黑洞，這套理念根本不存在。傳統的美國是用「資源」解決問題，大口徑槍炮壓制大問題，問題愈大、火力愈大。全世界的戰爭只有美國用地毯式轟炸來轟掉那些根本看不到的敵人，這也順便解釋了為什麼美國什麼都「大」。

••••

在什麼怪事都可能發生的美國，謹遵程序有時未必是件壞事。

從收音機聽過一起搶劫案，聽起來像個笑話，卻反映出美國人的不知變通，連犯罪都不例外。

搶匪走進某知名速食店搶劫，要求打開收銀機。服務生說一定要點餐收銀機才打得開。搶匪看看牆上的菜單說那來份炸薯條好了，服務生回答炸薯條要十一點才有，不到時間收銀機不收單，問搶匪願不願意等（當時快到十一點）。搶匪失望地轉身，走了！

多麼可愛的結局、多麼照章行事的服務生，以及多麼體諒制度的搶匪？我甚至有點同情那位不知所措急流勇退的搶匪，真是個尊重那份不能變通的人。

由於不知變通，這起搶案若繼續蹭下去並不會順利結束。因為服務生下一句會問要大薯還是小薯，要不要番茄醬，要不要餐具，內用還外帶，付現還是刷卡……笨搶匪可能還得先掏錢來墊，因為步驟不走完，收銀機無法接單。幸好他覺悟得早，否則不是活活氣死就是氣昏後被逮。

這樁搶案打一開始就不可能成功，因為發生地點在美國，又是一個循規蹈矩的搶匪碰上一個不能轉彎的服務生。

••••

「變通」對於一切都上軌道的文化是項巨大挑戰。中文字眼「軌道」相當貼切，有軌道運行就可預期，方向也不會錯。只不過高效能的前提是軌道必須暢通無阻，一旦碰上障礙，軌道僅僅一條，斷了一切停擺。美國人處處靠軌道，沒有軌道，沒人知道該怎麼辦。

租車公司的例子是出現 bug、是極少數的例外，可以不予深究，但即便沒有 bug，美國人仍舊只會照章行事，不知變通。收銀機搶案和餐廳櫃檯堅持問我幾位並沒有不同，問題即使蠢到令人噴飯，上一步還沒有答案，大家就都沒有下一步。小到吃飯、上洗手間，大到治國，這套不懂變通的江湖規則經營了美國兩百多年。

••••

行駛在軌道上如果又沒碰上例外，效能不就很高嗎？未必。這牽扯到美國人另一個特質「話多」。

頻寬已經這麼低了，一心已經這麼不能二用了，美國人偏又愛聊天，而且常識死豐富，海闊天空什麼都能聊，好人、壞人、情人、仇人、敵人、友人，除了死人，人人都能聊，十七歲和七十歲照樣聊到難分難捨，明明是陌生人。

碰上有話可聊，美國人會放下工作，聊那種沒有止境的天。對象是熟人或陌生人沒有差別，放下工作則是因為他們無法邊做事邊聊天。

超市排隊結帳，服務生多嘴問老太太外套哪裡買的。話一拋出，後續便無法收拾，美國老太太多麼渴望有人跟自己說話啊。相信我，剛到美國若想找人練英文，到超市隨便找個老太太讚賞她的外套，就會知道她們有多寂寞。老太太回答外套是欣蒂送的，那年聖誕節 blah blah blah……話多又不能一心二用的店員，碰上話更多又寂寞到不行的老太太，後方排隊人龍都快結蜘蛛網了，還得陪聽欣蒂的故事。當然，全世界沒人知道欣蒂是誰。

打了倒檔，正要從停車場的車位後退，旁邊的車門開了，距離不到二十公分。我立刻踩煞車停下來。本以為對方會關門等我先倒出去。沒有。車門一直開著，我只好汽車屁股一半露在外面等。對方下車後開始穿夾克，我以為她會虛心地關上門退到別處去穿。這在中文叫識相。沒有。不但沒有她還穿得很慢，不但穿得很慢還跟車裡的人講話，不但講話，還一講話就停，穿衣服和講話無法同時進行。車門一直開著，我也一直等。在台灣這種事會吵起來，在美國吵不起來，因為好不容易倒車出去，她還友善地向我打招呼。說不定向她借錢都不成問題。

這樣說來，形容美國人做事像電腦，對電腦有點不公平，至少電腦不會停下來聊天。

⁂

美國大街小巷都有停車標誌「Stop」，不管有沒有其他車輛，看到停車標誌「一定」要停。不管四面八方是否只有你一輛車，不管半夜兩點停下來是否像個白痴，不管是否急著逃命，我還沒看過有人敢不停的。

這種按部就班的和諧就是完全建立於不能變通、沒有例外：停車標誌不論方向，到一輛走一輛，先到先走。經常看到新移民該走不敢走，搞得大家統統不敢動。一個小小的不按牌理出牌就足以讓路口癱瘓。你不動他就不敢動，這不是禮讓，而是困惑不知所措，誰動了就會出亂子。

剛來美國的朋友來到行人穿越道打算過馬路，腳才剛停下來，車子全部自動停下靜候。朋友猶豫著不敢動，車子也不敢動。原來在全世界最不可能堵車的地方想讓交通癱瘓倒也不難，只要不按牌理出牌就好。最後有駕駛打開車窗比手勢要朋友過，她才知道不是陷阱。

美國的駕駛不管看起來多麼惡形惡狀，只要有人往穿越道上一站，立刻就會減速停下來。想整純樸的美國人也很容易，還可以趁機試試自己的法力：在路口一站，交通立刻停擺；轉身離開，交通又開始流動；再站回去，交通又停擺，他們就是這麼任你擺布到可愛。

守規矩是文明，也是不知變通。不守規矩需要小聰明，而美國人沒有。

⋯⋯

台灣如今因為強力執法，情況改善很多，與過去完全不同。二〇二二年疫情後回台灣那一次，我發現自己已經成為一個典型國外回來的廢物。如果不勇敢踏出第一步，站在斑馬線上等到人老珠黃也不會有人讓，無法過馬路。

我在路口邊等邊沉思，看其他人從容不迫地穿越前行，奔騰萬馬自然左右分流，不需減速，不需按喇叭，不需咒罵，就像急流碰上石頭自然分流。如果石頭不死心繼續向前滾，分流也會配合著移動，這是天衣無縫的和諧。

敢踏出信任的第一步的話，後面一切都可以交給台灣人的變通能力，不需要規矩，不需要生氣，只需要正確判讀，就像圍棋高手永遠知道後頭十步對方會怎麼走。台灣街頭的每一副大腦都是相連的，美國的大腦都是孤立的。

我不禁想，如果用暫停鍵讓一切停格，把每位駕駛、機車騎士和行人換成美國人，然後再按下播放鍵，不用五分鐘絕對屍橫遍野。台灣馬路上每個狀況都是例外、每一件事都不按美式牌理出牌，碰上這種混亂，美國人只有捐軀一途。

看著滿街汽機車和不在乎能否活到明天的行人，大家都巧妙地在千鈞一髮的縫隙中全身而過，台灣對於例外的包容性特別強，我認為ＡＩ真該好好向台灣人學學。自駕車只要在台灣過關，全世界都可以拿到認證。ＡＩ需要的訓練就是例外。

••••

我去台灣的戶政事務所辦理恢復戶籍，把身分證交給櫃檯，同時詢問是否要先恢復戶籍才能恢復健保。櫃檯回答「是的」，沒有說「那是健保局的事你去問他們」。我再問大概要等幾天，櫃檯說辦完即刻就可以辦，邊講還邊敲鍵盤，沒有因為說話而停下來

——說實在，台灣人還真不會這一招。如果一講話就要停下來，每個麵攤都要僱好幾個專門負責講話的人。

另一方面，租車公司最後終於找到了一位有能力處理例外的主管，依照我的提議解決了問題，但需要十五個工作天，整整三個禮拜。

這類動不動就需要幾個「工作天」才能怎樣怎樣的話，從八〇年代聽到現在，並沒有因為電腦處理能力爆炸成長而改善。公司愈大，工作天數愈多。若是美國政府部門，等待天數將變成天文數字。我上網申請福利，一切順利，仍然等了九十天。

唯一結論是電腦在美國同樣朝九晚五，每天只能工作八小時且得午休，還周休二日，然後一碰到例外就繞回起點，等待那個話多又不能邊說邊做的人解圍。

台灣戶政事務所的電腦與軟體可能來自美國，電腦是無辜被拖下水。效率在人不在科技。用科技解決人的問題，才會淪為一百年前得等九十天，今天還是得等九十天，大部分時間電腦都閒著嗑瓜子，等待著那個沒有效率的主人。美國自駕車早已滿街跑，對於不知變通的包容仍停留在馬車驛站年代。

要美國人戴個口罩他跟你拚命，要求他等九十天審核欠他的福利卻溫馴得像隻小白兔。在這個國家活了大半輩子，還是有太多的不了解。只能時時提醒自己，美國永遠不變的是急不得、罵不得、氣不得。那個慢條斯理把你氣到死的人，說不定還欣賞你到不行。別把氣氛搞壞了。

對了，我恢復台灣戶籍，連九分鐘都不到。

美國有一條非常荒誕的「房產入侵權」法，也就是房產被人入侵，最後可能變成他的。

人若長住台灣，美國的房子空著，定期要請人查看是否被入侵。如果被侵占超過若干年，就有可能歸屬於入侵者。真實條件非常複雜且因州而異，重要的是入侵者得「光明正大」地搬進去，而且必須「照顧好房子」。這條件夠怪異，意思是：如果你不照顧房子而別人願意照顧，那就給他吧。

「房產入侵權」法背後有兩個重要精神：第一，鼓勵物盡其用，減少土地長期荒廢；第二，保障社區景觀，迫使長期不在家的人保持房子美觀，免於淪為棄屋被入侵。換言之，這是用荒唐的法律逼迫保持社區景觀。

聽說過空屋被闖入後趕不走人，屋主給錢請對方搬的。

在美國很少看到像鬼屋似的空屋，這招還真有效。

面對所有的算術問題，加法足矣

美國人數學爛大家可能都聽過，可是聽說和親眼看到完全是兩碼事。在信用卡交易率超過八成的美國，剩下兩成的現金交易完全得依靠收銀機解決。一旦拔掉插頭，處處是忙著扳指頭的人。

美國人只會加法不會減法。加法的基本概念很簡單，一直往上疊就對了，過程中什麼都不用管，疊完了再從頭一個一個扳手指。只要會數一二三四，只要記得從頭數，只要手指夠用，終究算得出答案。

小時候看大狼狗表演算數，注意到狗只會加法，如果沒有用嗅覺作弊的話，也不是不可能。加法的祕訣在於只要會數數量就能知道答案，減法不一樣。減法很抽象，必須擁有「移除眼前之物」的概念，那和眼中所見是互相矛盾的。「把眼前之物的一部分想成不存在」不但違反生物生存法則，還為美式思維帶來獨特的挑戰。

如是之故，想買六塊錢的商品，遞出去十塊，台灣菜市場即使是不識字的阿婆都能在千分之一秒內正確找錢，類似場景無時無刻不在發生，根本無需計算無需思考。但在還沒有手機的時代，逛一趟沒有收銀機的美國跳蚤市場，你將實地考察美國人數學到底有多爛，隨便買一樣小東西都會看到商家拿出紙筆計算台灣人人會的心算。

相較之下，台灣路邊攤老闆個個忙著煮麵、切滷味，嘴巴忙著招呼客人，哪來多餘手指頭騰出來做算術？不但如此，老闆只要眼睛掃一遍桌上的杯盤狼藉，嘴巴竊竊私語像唸佛經似地重複單價，唸完總價也出來了，比電腦還快且絕不出錯。過程中即使被打斷詢問身分證字號依然對答如流，完了繼續原先的運算。正在切豆干的老闆看到客人掏出多少，立刻知道得找多少錢。台灣的客人沒耐性，吃完一站起來就要知道多少錢，付了錢就要找錢，即使看著老闆正在招呼另一桌客人也會打岔，期待立刻獲得答案。

上述種種可能在美國造成災難的紊亂，在台灣卻永遠於和諧精準中落幕。台灣哪個麵攤老闆每次結帳都得拿計算機，肯定會在社群網站上爆紅，生意說不定甚至更好。

⋯⋯

純粹只是找零尚算單純，如果牽扯到化零為整的找錢，很可能會搞出人命。美國人不但數學差，而且無法面對複雜，還無法面對例外，也無法一心多用。

延續六塊錢商品的例子，假如你需要五美元整鈔，所以掏出了十一塊，台灣每個人都懂你的用心良苦，美國商家卻會把你當笨蛋來同情，告訴你十塊錢就夠了。如果你告訴他口袋剛好有一塊錢零錢，他會困惑口袋有一塊錢和這件事的關係，因此繼續用眼神同情你的笨。那種眼神我見多了。

有時候懶得解釋遠在天邊的用意，摸摸鼻子我也認了，就背一次白痴的黑鍋吧。真的，六塊錢商品，十塊不就夠了嗎，哪裡需要十一塊？那一刻我既擔憂美國人如何看待笨到連數字大小都不會比的亞洲面孔為何混了幾千年還沒滅亡，也擔憂美國人數學這樣爛，誰敢搭乘他們設計的飛機？

然而，美式科技精神恰恰建構在加法的觀念上，且一切都得拜美國人數學爛之賜。我後頭會解釋。

…

在整件事推演得更複雜、更有趣，也更令人擔憂之前，我們先倒回去把問題弄得簡單點。

假設你掏出一張十美元鈔票購買六塊錢商品，路邊蹲著賣青江菜的台灣老太太直接拿四塊錢給你就沒事了，在美國卻沒這麼簡單。商家會擔心你沒有理解能力，必須假設客人不知道該找多少、必須當面把整個數學公式重新運算一遍，證明自身清白與正確，以免直接找你四塊錢害你一頭霧水。為了避免笨蛋碰笨蛋的困惑，最穩健的方式就是把複雜的數學攤在櫃檯上，當面從頭算一次，就像在法庭上攤證據。

如何把這個數學公式重新運算一遍呢？那又順便印證了美國人只會加法不會減法。想像結帳櫃檯上有價值六塊錢的商品，另外還有四塊錢——收銀機說的，不是老闆算出來的。驗證程序是一邊拿著四塊錢，一邊用嘴巴唸著七、八、九、十，再把一張又一張一美元鈔票擺在商品旁邊。

為什麼要數七、八、九、十？因為美國人只會加法。把六塊錢商品放在桌上做為起點，下一個能夠往上疊的數字自然就是七，數完如果總數剛好等於十，這麼複雜的問題不就解決了嗎？

你問為什麼不是數一、二、三、四？因為除了收銀機，沒有人應該知道十減六等於四。「四」在這裡沒有意義，你不能把一個沒人知道的抽象搬上檯面。在美國買東西找錢絕對不是從一開始數，這就是答案。

總之，商家如此找零是為了你好，因為他不相信你知道要找多少、體諒你和大狼狗一樣只懂加法，所以用加法解決減法問題。一切從零開始一路往上疊的大狼狗式算術，足以解決日常生活所有的算術問題。

••••

口袋剛好有一塊錢又需要五美元整鈔呢？在台灣一步就能走完，在美國你得分成三步。

正確做法是按兵不動，先不要提一塊錢，刀不要先出鞘，否則交易將在困惑中停擺。你先付一張十美元鈔票，耐心等待商家把商品和找零的四塊錢用加法一步一步往上加到十塊錢，統統攤在桌上後，再恍然大悟地說「對了，我口袋剛好有一塊錢，可不可以和這四塊錢合起來，換成一張五塊錢的票子？」。當然，這段旅程你同樣得走一次美式加法，證明四加一等於五，商家才會心滿意足地收下那五張一美元鈔票，遞給你一張五美元鈔票。這個複雜的數學問題才能獲得皆大歡喜的結局。

分步驟進行在亞洲會被商家罵死，「換錢幹嘛不早說？」；亞洲做法如果搬到美國也會被罵死，「急什麼？一步一步來好嗎？」

這幾年美國的亞洲人多了，美國商家開始心虛，至少不敢懷疑客人是白痴。哪有這麼多白痴當工程師的？現在他們會把這類「複雜」運算全部交給收銀機，你大可直接遞出十一塊，店員未必明瞭為何多給，卻會忍痛把數字打進收銀機，讓機器決定該找多少錢。還好電腦說了算，這筆複雜的交易將順利平息。

····

此處非得打個岔，上述六塊錢之例實際上不可能在美國發生，因為要加稅。稅率每個城市不同，有可能年年更改，可能是七．五％，可能是八．二五％，也可能是九．三五％。為什麼不統一成十％或至少不要小數點，讓猴子都懂如何計算？我也不懂，這卻再次顯示了美國人不但死腦筋，還偏愛把法條搞得複雜到沒有收銀機就活不下去。

我住的城市提供大型家具丟棄服務，每次收費七十四塊兩毛六。這不是商品，和銷售稅無關，純粹只是服務費，我不懂什麼死腦筋才會想出這種數字。收個整數七十五美元讓大家都活得順利點有什麼不好？這背後當然一定有一套沒人懂的公式，挖出真相肯定又會讓人昏倒，為了健康，我也不想去知道。

總之，一個六塊錢商品加完稅可能是六塊四毛九，美國人就是數學爛又喜歡把數字弄得很複雜。美國沒有地攤或路邊攤的原因不為別的，純粹是結帳複雜度超越一般人運算能力，沒有收銀機就無法做生意，沒有插頭就無法結帳。

⁘

美國人數學這麼爛又笨手笨腳，科技為何尚未崩潰？世界各國甚至容許他們設計的自駕車滿街趴趴走？

其實這並不是數學問題，也不是智商問題，而是步驟問題，也是思維問題。買東西後要先找錢，然後才能加碼換錢，從程式設計的角度來說，這是完全不相干的兩個步驟。第一個步驟還沒走完，不能期待電腦會看到下一個步驟，兩個步驟不能合併更不能跳躍，否則會天下大亂。這是最基本的電腦式思維。美式一步一步往上堆疊的建構方式，成就了這個世代的電腦程式設計藍圖。

東方人跳躍式速戰速決的思維靠的是大家心照不宣的了解，小地方極優秀也站得住腳，但如果把尺寸和複雜度各增加十倍、百倍、千倍，終將崩盤。

美式思維是步驟性（transactional），東方式思維是整體性（contextual）。美式執行是步驟獨立分離，不考慮前後文關係；東方式執行則是把整個事件看做一體，察言觀色解讀前後文關係。

舉生活實例來說明。

我和同事出去吃飯，結帳時同事可能要求服務生分兩份帳單，各付各的。這合情合理，因為大家點的東西不一樣，美國人又死愛喝酒，酒錢常常比飯錢還貴，若照帳面平分，變成我幫他攤酒錢，這方面美國人很識相，不會想揩油。但為了省麻煩，我可能說沒關係，「我來買好了」。這時他絕對不會推辭也不會客氣，毫不考慮地接受。

有兩個字我沒說，「這次」。

同樣場景發生在台灣，我若說「我來買好了」，同事會很自然地回答「好，那下次我買」。不管是認真還客套，至少全員都善解人意，沒有明說的部分皆能自行意會。這是整體性察言觀色的完美結局。即便事過境遷，大部分台灣人都會記得這份情意，即便作假，下次也會堅持請回來——成不成是另一回事，重要的是互相了解對方的心意，一來一往，完全符合東方的整體情意。

碰上一個以交易性為主的民族，事情未必如此發展。美國人會認為這次是你心甘情願地「請他」，他會謝謝你，然後這筆帳在他心裡就完結了。下次再出去吃飯，同事不會搶著買單，仍然各付各的，也不覺得對你有所虧欠。上次是你買單的他沒有忘，但那不是你自願的嗎？他不也感謝過了嗎？所以那筆帳當然就結了，一切從零開始。

你固然請了客，但那並不代表對方一定要回請。每一回都是單一事件，和下一步對方怎麼做沒有關聯。步驟性思維的每一步都是獨立的、健忘的。美國人約會往往各付各的，也聽過男生請女生後來女生不想見面被要求退還飯錢。別笑太久，這些在美國非常可能發生。

⋯⋯

從簡單的六塊錢數學問題，我們也許可以推出以下結論：東方式做事是「只需用腦，不看程序」，美式做事是「不需用腦，只看程序」。

中西相比，前者富有人味，適合單一或少量處理，畢竟我們都是人；後者無情但精準，適合機械化大量處理，也是電腦式思維的極致：步驟是既定的，可以重複，結果可以預期，只要照步驟走就能達成，雖然用在單一處理嫌笨嫌慢，但可以大量複製，放諸四海皆準。數量一旦大，只有程序化才能避免出錯，才可以提高產能。

寫過程式的人都知道，寫了幾個鐘頭的腳本只不過做一件無比簡單的事，有時候會覺得很愚蠢。我需要修改一些資料時，為何不直接修改就好？差別正在於這件事重複一百遍或資料量增加一百倍時，一步一腳印不能插隊、不能跳躍的死板程序將遙遙領先。同樣的程序處理一行資料非常愚蠢也沒有效率，但它活著是為了處理一千行、一萬行資料。

換言之，早在電腦發明之前，美式思維已經把人腦當成電腦使用。與此同時，最早期的電腦承襲了這種思維，確實只會加法，並用加法解決所有的數學問題。

科技發展非常違反生物的自然演化法則。生物界本來就是各管各的，求生存就必須一眼看全局。一隻正在吃草的羊必須無時無刻不停解讀大環境，綜觀全局判斷那頭五十公尺外盯著自己看的狼是不是威脅。動物沒有程序可言，生存不能談步驟。我們的大腦一路演化過來，只有碰到當今的人類社會才面對如此矛盾。我們必須用演化而來的大腦，解決非生物規模的問題。

東方式思維重視前後整體關係，解決問題靠察言觀色、善解人意，解讀前後文關係，但也經常造成誤解。一旦扯入人就無法大量複製，也難預期結果，更難避免錯誤。

東方思維是「用人的角度」解決問題，美式思維是「用程序」解決問題。但我們是人，不是機器；可反過來說，如果只用人的角度，那就只能處理單一事件。

還真麻煩，裡外都不是人。

⋯⋯

美國人看起來笨手笨腳，但很早就走在科學的路上，同樣模式擴張一百倍都不需要改變；台灣要達成夜市攤位那樣的驚人效率，同時又要面面俱到，照顧善解人意的人情味，那就必須一心多用，必須跳躍，必須拋棄程序，但一直擴張下去就會崩盤。

於是，一旦忙起來，即便是台灣最美的人情味也無法招架，超越既定規模的忙碌，麵攤老闆同樣會對客人咆哮。而美國之所以不會發生這種事，是因為美式制度不容許發生失控。不管再忙，老闆永遠按部就班慢條斯理，客人有耐性就乖乖等，沒耐性就滾，誰也不必咆哮。

台灣量大就亂，美國量大就慢。亂或慢該選哪一個？不同的挑戰必須用不同的思維解決，這無關數學、無關智商，更不是對與錯，思維不同罷也。

電梯裡只有我一個人，電梯門開了進來一對夫婦，男人很瀟灑地要我按十五樓。

男人沒有殘廢，雙手是空的，應該也明白美國沒有電梯服務生，我看起來也不像電梯小弟。事實上他連「請你幫我按十五樓」都沒說，他說的是「十五樓，謝謝」（15 please）。超級理所當然。

和美國人同桌吃飯，我面前擺著鹽罐。旁邊的美國人要我把鹽遞給他。鹽罐就在他右前方，他絕對搆得到，為什麼要我代勞？

箇中道理就和電梯事件一樣，那不是耍大牌，而是不入侵我的領空。

我們很習慣地就把手伸入別人領空，去做認為天經地義的事。美國人很在乎眼前的領空，尊重領空權是美式隱私的基本定義。

最後順道補充，同桌吃飯雖然各點各的，但自己那份先上的話別開吃，要眼觀四面等大家點的餐點都到齊了再開動。

走進公共建築推開玻璃門，美國人會回頭看，如果後面有人就擋著門等你。尤其是男士對女士。

曾有台灣女生碰到前方男士把門拉住，她臨時來個九十度轉彎走另外一扇門閃開了，也許是怕對方借機搭訕。美國男士進出建築物或上下車都會幫女士開門，不認識亦然。幫忙拉住門已經成為美式禮數。

這是一門平衡的藝術，也可能帶來意想不到的困擾。

距離多遠才應該幫對方擋住門呢？如果距離還遠就把門拉著，反而給後面的人心理壓力必須加快腳步。我就常常被迫用跑的追上去。

禮數和困擾的界線很模糊，必須自行拿捏。

誠實的華盛頓與五美元扳手

去內陸的猶他州出差，發現他們喜歡開粗獷的四輪傳動車，並把上戰場用的裝備搬上公路。看到開敞篷吉普車穿迷彩野戰服的人我便盡量轉開目光，總感覺他們可能有槍又隨時準備發脾氣。

車子開著開著，前面一輛校車突然閃黃燈，愈開愈慢，後頭的車子也跟著慢下來。接著校車開始閃紅燈，兩側豎起「停」警告牌，所有車輛自然全部乖乖停了下來，包括對向來車。

那個「停」是認真的。法律規定得非常清楚，無論任何狀況，只要看到校車豎起「停」，不論方向一律得停車，不能超車、不能繞過，多慢多小心都不行，對向車也不能假設沒有兒童橫越馬路，四面八方都得停、多久都得等，所有的「假設」、「以為」、「看情況」或「明明可以過嘛」都不可以，想都不要想。閃紅燈的校車擁有最高權柄，連消防車、救護車都得停，確信絕對安全才能緩慢駛過。

猶他州幾乎一半車輛都是皮卡，宛如隨時準備上戰場，但那些我以為沒有耐性隨時都能開戰的駕駛全部乖乖停了車，在那一刻讓我看到了最溫馴、最和諧、最在乎群體的民族。

孩子們動作很慢，二十多個孩子慢條斯理下了車，投向迎接的父母懷抱。溫馨的迎接儀式相當費時，但沒有駕駛催促他們快一點、識相點。大約整整三分鐘，沒有人按喇叭催促，誰不耐煩肯定引起公憤。換成另一個時空，前車若稍微慢了點，那些極度沒有耐性的駕駛說不定早按了喇叭、罵了髒話，還給你一根中指。

校車明明有足夠空間可以靠右停，完全離開道路，但它沒有。校車深切了解自己的權利，有沒有占用道路不是重點，反正大家都要停、都得停。那是四線道，加上中間共用左轉線，一共五條線，全部因校車停擺。

我想起二〇二三年年初連續暴雨造成矽谷很多城市斷電沒有紅綠燈，派警察指揮交通的話需要幾千名警力。美國的交通規則很清楚，碰到紅綠燈故障，得先假設路口有一個無形的「停」標誌，必須完全停止再起步，先到先走，兩車同時到就右邊先走。遊戲規則訂好了，剩下的就交給文明。如果只有你一輛車仍然得停下來，像白痴一樣左顧右盼，看看空蕩蕩的左右，然後才能再起步，就像舞台劇演給人看那樣。電斷了好幾天，靠的就是大家當白痴，維持住最後一線文明。沒有紅綠燈，沒有警力，沒有爭吵，沒有車禍，每天如此。雖然蠢了點、慢了點，但基本秩序保住了。這點美國人很可愛，也是美國文化價值最高的一面。

場景換到平日通勤時段，交通非常擁擠，後面來了一輛拉警報的救護車，瞬時左線車輛全部自動慢慢擠到右邊，空出足夠空間讓救護車通過，右線車輛沒人抗議左線擠過來而不相讓。救護車不受阻礙地穿過了尖峰時刻臨時擠出來的空間，這是文明至美。

這個民族令人費解，孕婦殘障停車位空著絕對不敢停，共同乘車道沒人借用，高速公路塞車，出口就在前面，沒人因為「馬上就到了嘛」走路肩。

⋯⋯

我們都知道也不需要避諱，華人比較不守法。偏偏很多華人只在自己的國家不守法，到了美國，半夜碰到路口同樣乖乖做個停看聽的好公民。我們的教育不也明明白白要求大家奉公守法嗎？

加州也許很不美國，近十年更是急遽亞洲化，可是在白人跟著亞洲人同化的同時，我發現在守法這件事情上，美國人並沒有亞洲化，而是亞洲人美國化。

美國的教育並沒有強調守法，美國人卻普遍比較守法，投機和隨便在美國價值體系裡毫無立足之地。

以前我以為守法就是遵守法律，但事情遠非如此單純，守法只是結果。以前我也認為守法是素質問題，但很多人在自己國家不守法，到了美國卻守法，如果只是素質，下了飛機立即升級，這素質未免太廉價。素質是個複雜的綜合名詞，完全不足以解釋守法問題。

現在的我知道，守法並非來自要求，而是發自內心尊重這個社會價值；守法其實是習慣並建立在很多特質之上，而第一要件是「誠實」。

美國人經常言而無信，也毫無「義」可言，所以什麼都要約法三章，講好聽點是先兵後禮，難聽的話是沒有人相信任何人。然而，美國人在乎誠實，誠實教育也做得成功。華盛頓砍倒父親櫻桃樹的故事也許是杜撰的，但卻更加彰顯了背後的立意——如果需要編故事來傳達這個訊息，豈不更表示誠實在美國人心中的地位？

那天在大賣場買了一車家用品，回到家發現少一盒巧克力，收據上有列印。拿著收據回去，賣場二話不說把巧克力補給我。買一套高爾夫球具擺了半年沒拆封，後來發現少了一支球桿但找不到收據，試著帶整套球具回去問可不可以補齊，他們也相信了。同樣場景搬到很多地方，你會看到「離開前請確認所有商品」的告示，意思是出了門就不干我事。

留學生時期去買修車工具，扳手標價十五美元，那年代沒有條碼，貼紙上打個標價就算數，其中一支貼錯寫成五元。當時心中第一個反應是賺到了，第二反應是感謝老天幫助我這個窮學生，拿著貼錯的標價，結了個沾沾自喜的帳。我沒做錯事，不過是順水撿了個便宜，裝著沒看到對自己有利的錯誤。如今回想起來，我笑自己窮昏頭，也笑自己還沒養成習慣性的誠實。今天即使同樣窮困，我會拿一支正常標價的扳手結帳，順便拿那支貼錯的告訴他們標價有誤，我相信大部分美國人都會這麼做。

⋯

在美國混了這麼久，我終於慢慢了解美國的誠實不只是對外誠實，而且是對自己誠實。誠實在中文只有一個意思，在英文卻有層次。對別人的誠實叫做 honesty；對自己的誠實叫 integrity。美國人追求的是內心的誠實，也就是只有你自己知道的誠實。在道德上對自己負責不但得發自內心，還得是不費吹灰之力的習慣。

第一次見識到誠實分成東西方是買第一輛車。談好價錢簽過戶同意書時，印度車主好心問我車價要填多少，說少寫可以少繳稅。美國政府非常相信人，填多少全憑自己良心，而這種制度行得通的要件是大部分人都必須誠實。

他的白人室友聽了插口說「你們不應該這樣做」，印度人回答「讓他少繳一點稅有什麼不對？」，白人室友說「沒什麼不對，你只是不誠實而已」。

尷尬了好一會，我擔心他怎麼看東方人，打圓場說「沒問題就照原價寫」。我很窮，少繳稅很重要，但那一刻我學會一個民族的誠實標記更重要，那也是我頭一次了解不誠實在東方是省稅，在美國是羞辱。

美國很多風景區停車場都是無人收費，政府需要收入，但又不值得派專員到遙遠的地方執行，得自己在木箱裡抽一個信封放入停車費，撕下回條放在擋風玻璃上，我從沒看過有人不付錢。我不敢講美國人在大地方也那麼誠實，但維持社會秩序就在小地方。起點很重要，而這同樣仰賴著絕大部分的人都誠實。

在沒有第二雙眼睛監督下仍舊誠實，是發自內心的習慣。

在森林小湖畔看到一個孩子釣到一條魚，魚很大足夠端上餐桌，問他晚上打算怎麼吃，他說這條要放回去。我問為什麼，他說這種魚要十二吋以上才能留，其他的就不受限制。我問魚鉤扯出來還活得了嗎，丟回去會不會沒有意義？他說活不了也得丟回去。那條魚在我看來距離十二吋也不遠，至於品種誰看得懂？誰在乎？假裝看錯不行嗎？……這些，那十多歲孩子統統在乎。

朋友找我去抓加州大紅鮑，抓鮑魚不能帶氧氣筒，必須憋一口氣潛下去徒手抓，七吋以上才能碰，還得隨身攜帶專用量尺下水。七吋的鮑魚和人臉一樣大，那麼大的誘惑又得冒著九死一生的風險，那個「七吋」竟然是必要的標準。有時想想，如此珍貴的食材，花了這麼大的力氣潛入海中，翻箱倒櫃都難看到一隻，只有六吋半又有何差別？但那個差別就叫做誠實。如果沒人理會這誠實，這個活動就會被迫關閉。

舊金山碼頭邊可以用籠子抓螃蟹，法律規定母蟹不能撈，可是誰分得出公母？這裡畢竟是舊金山，連人都分不出男女了。不過很抱歉，那不關法律的事，那是你的責任。碼頭邊走一圈，可能會看到孩子們把籠內母蟹扔回海裡，死了同樣扔回去。美國人不會對孩子說「哇，這隻有黃耶，這次就帶回去吧，下次記得不可以喔」，他們不會把通融放在誠實前面，卻又擔心孩子學壞，所以用「下次」打圓場。

有時想想，這種不為人知的小誠實代價是到哪都得帶著尺，還得學會辨認魚的斑紋和種類，懂得辨識動物的雌雄……誠實是不是太麻煩了？放縱一次多容易呀？然而美式的不知變通用在誠實，就成為令人敬畏的社會道德力量。

放眼看看全世界所有國家的文明度，幾乎與人民誠實度成正比。誠實是法治的第一步，法治又是文明的第一步，沒有捷徑，也沒有替代路徑。

•••

誠實不是沒有代價，但在不同文化中需要償還的代價不同，有時會讓人從此不敢再誠實。

小時候班上有人偷偷捉弄某位老師，事情傳到級任導師那裡，他要全班罰站直到惡作劇的人自己舉手。一位高大早熟的孩子等了很久才舉手。老師問他為什麼要這麼做，他說只是一時好玩，他知道錯了。導師走過去重重一巴掌把他打退好幾步，那一聲到今天都聽得到。那巴掌也打到了全班每一個孩子，讓大家看到了誠實的代價——認錯會受到羞辱。華盛頓砍了父親的櫻桃樹後得到的則是原諒。

今天世界各地仍有許多文化懲罰誠實，以致犯了錯不敢承認，只好硬拗。這些在矽谷職場上都看得到。美國人也許認為那是民族的道德瑕疵，但我知道那是出於恐懼，因為他們來自懲罰誠實的國家，我了解、也同情。在矽谷，異國文化和美國價值脫節向來是管理上的煩惱。認錯在東方非常艱難，因為誠實的代價往往高於不誠實的風險。

⋯

守法光靠誠實並不夠，有時候需要的是「公憤力」。任何一個民族都有少數混蛋不願意守法，美式守法的第二個特質就是到處都有「公憤」，守法不能仰賴警力，否則沒有警察就沒有社會秩序。

有一次和兒子去看午場電影，戲院裡只有二、三十個人，後方角落有兩個黑人一直大聲講話還不停講手機。兒子首先發難請他們安靜，當時我心中第一個反應不是驕傲而是恐懼，想著他可能闖了禍。果然，其中一個咆哮回來，我面對的是不吭聲，或冒著不可收拾的風險槓下去。

幸好我們在美國，不需要為正義付代價，四周隨時都有足夠的道德勇氣保護著。戲院裡幾乎一半觀眾都同時叫他們閉嘴滾出去，他們也真的乖乖閉了嘴。

這是美國人可愛的另外一面，鬧場的不會覺得下不了台而硬撐。美國的社會秩序就是靠這種力量維持著。

對照我當兵時有次休假拿勞軍券去西門町換早場電影票，明明排在很前面，售票口打開卻發現買不到票，因為前面突然出現幾個黃牛輪流不停插隊。早場電影沒有警察，我叫他們不要插隊，沒人理我。看看隊伍裡很多人同樣留著當兵的小平頭，照理講足夠可以成為正義的力量，但是沒有人響應。大家也許想站出來，卻都沒有足夠的勇氣。幾個黃牛輪流買了幾十張票，把守法的人踐踏夠了才離去。

這件事如果搬到美國，打一開始就不可能成立。第一，沒人會容許插隊，強行插隊會引起公憤，那已經不是被插隊的人是否軟弱的問題；第二，售票員不會把票賣給他，會叫他滾。那是售票員的場子，不能當烏龜。在美國，社會正義輪不到個人冒險執行。那個時代西門町看電影買票，還得要警察維持秩序。警察應該是維持治安，而不是維持秩序。

亞洲人並不是沒有正義感，而是放在心裡不拿出來，心想多一事不如少一事，少惹麻煩咬個牙就熬過了。中華文化的「忍」用錯地方，就滋養了不法。

美國從小就讓孩子認清自己的價值，勇於為該價值負責，同時毫無畏懼地捍衛它，不存在「忍」這種事。我讀過的某本書作者在學校被人霸凌，他爸爸教他練拳回去單挑。在西方，價值受到威脅卻悶不吭聲是懦弱，他們是這樣捍衛著自身權益。在東方，爸爸會怎麼說，你我都猜得到。

……

美國人相當自我，捍衛價值就是自我的延伸。很多場合裡美式自我令人厭煩，但社會公益受到挑釁時，同一份自我也會挺身而出。美國人守法是因為處處都有社會力量捍衛，讓不守法的人沒有生存空間。這也解釋了為什麼有些人被要求戴口罩就要跟你拚命，因為他認為不戴口罩是他的權益，而同樣一個人，也可能在另一個場合站出來為你捍衛社會公益。你說他是好公民還是壞公民？哪有這麼單純？

如果大家都想明哲保身避免衝突，社會價值受到挑釁實在看不順眼，頂多就是手機存證，事後才躲在電腦螢幕後大聲在網路上撻伐，社會正義如此薄弱，投機取巧者當然可以長長久久享受不守法。社會一旦永遠達不到守法基數，最後只好統統不守法。後面跟著的並不是一開始就打算不守法，而是放棄了。所以這不是素質問題，而是大部分人都願意守法，卻沒有足夠的道德勇氣執行自己那一份社會公權力——公權力並不是美德，是責任。問題在文化，不在人。

美國人不懂義，卻很有正義感。如果有男人敢在街上打女人，路人不會當它是家務事。相信我，每一個人都插手管定了，就連觀戰的狗都會湊上來咬幾口。畢竟連我家草太長鄰居都要管，哪會放過路見不平？

「管閒事」是維護美國基本社會秩序的重要力量，亞洲人只當路人而不參與，所以不會有制衡。若想見識美國的社會公權力，下次碰到校車閃紅燈，按個喇叭表示你不耐煩即可知曉。

全世界各地都有同樣百分比的混蛋，不守法並不是因為有混蛋，而是因為太多人在混蛋面前保持沉默，其結果並不只是混蛋不守法，而是大家都不守法。排隊不是零就是一，沒有中間數字。少了那份社會公憤就是全民都沒有素質，讓大家都背了不文明的黑鍋。混蛋不可能消滅，該消滅的是面對混蛋的沉默。美國人最不恥的就是不誠實和懦弱，而這兩樣，剛好決定了社會秩序。一個不守法的社會欠缺的未必是公民素質，常常只是「No，我不能保持沉默」。

正如校車懂得自身權利，但凡講到權利，行使權利的美國人一切都是理所當然，過個斑馬線就看得出端倪。

行人只要一踏上斑馬線，汽車就得停，甚至只有穿越的意圖也要停。在那個瞬間，行人有最高權。不過全世界都為你停擺了，您好歹也識相走快一點行嗎？不，「識相」兩個字碰上正在行使權利的美國人是徹底輸，只能看著行人低頭滑手機大搖大擺過馬路，甚至故意放慢以彰顯自身優先權；碰到牽狗的行人也得等著狗狗停停走走，牠想停下來撒泡尿還得假裝牠可愛。

美國人可以耐心等別人行使權利，如果侵犯到他的權利，他也不會輕饒。

高速公路封閉了一條線，大家很有耐性、很禮讓地兩線輪流，一輛接一輛自然合併。該你走就是你的，不該你走搶了道，絕對會被按喇叭抗議。禮讓是尊重你的權利，反過來你也得尊重別人的，大家均等。這是寸步不讓的權利交易。

朋友的車輪扎到釘子，到了修車行師傅正在忙，看到我們趕緊放下工作，拔了釘子、補了胎，三分鐘搞定，繼續回頭做他手頭的工作。這是在台灣。

一星期前我的輪胎同樣扎到釘子，也補了胎，等我從台灣回到美國，卻發現輪子又扁了。那天是星期六車行沒開，只好拆了輪子拿到輪胎專賣店，因為沒有預約，等了一個鐘頭，技師看了說得重新補，我說那就重新補，他回答別人補過的我們不碰。

等了足足一個小時，這就是答案。

並非輪胎技師心眼小，而是發生意外責任無法釐清，保險不賠。如果這是成為世界第一強國的條件，代價也太高了。

從餐廳出來，車子發不動，拖車要等四小時。

我知道不是電池就是啟動機出了問題，若是電池，跳個電就能暫時解決，不需要等拖車。

我走到不遠一家附帶修車行的加油站，想請修車師傅用行動電池幫忙跳個電，如果能發動至少可以先開回家。

他問我車子在哪裡，我說很近只隔兩條街，他卻說不行，修車不能離開營業範圍，得把車子拖過來，要不就推過來。

所以老天，我得等四個鐘頭把車子拖五十公尺過來修車行，或者推車推到先累死。

這八成又是保險惹的禍，離開車行就不是工作場所，發生意外保險不賠。美國人就是怕意外。受了傷保險不賠，等於破產。

規矩太多就是一切都保護得完美，但啥事也辦不了。

讓我們紅塵作伴，摔得結結實實

在美利堅合眾國，路可以是目的，甚至是人生目標。

我玩登山車，對我來說，「Santa Cruz」代表的是登山車圖騰，也代表了冒險犯難。加州的聖塔克魯茲（Santa Cruz）是登山車之都，最知名的登山車就以聖塔克魯茲做為廠牌名。

我和同事選了聖塔克魯茲偏遠山區一條最具挑戰的登山車道，這裡的下坡路很狡詐，有時會一分為二，其中一條很正常，另一條則是特意鋪設、足以奪命的障礙路段，最常見的就是獨木斷橋。如果不確定要走哪一條，最好減速看清楚再走。沒把握就下來用推的——沒人逼你跳。

那一天，我在分岔路段做了致命的錯誤選擇。速度讓人忘我，等看到前面出現了斷橋，我以為只要夠快就能像 YouTube 影片般飛躍落地，直到飛起來那一剎那才知道自己被騙了。儘管早在網路上偷偷練習，但這就像看影片就以為能學會彈鋼琴一樣，直到坐在鋼琴前才發覺受騙。

事情不像傳說中那樣進行。我是墜落而非降落，倒栽蔥頭先著地後，單車才落在身上，頭盔裂了、鎖骨斷了，頓時夜空星光、蟲鳴鳥叫，我只想蓋上棉被睡一覺。待我醒來直升機已在天空盤旋，山腰上救護車和消防車警笛不歇，好不熱鬧。

進了急診室，醫師說他也玩登山車，也在那裡摔過，也進過急診室。夏天「生意」好的時候，隔幾天就有人被送進來。這家醫院的急救專長就是登山車山難。躺在急診室看著那位曾經跟我一樣命運的醫生，我覺得倍感親切，好像進了一個探險失敗者俱樂部，心裡覺得暖暖的。在這裡摔車原來一點都不寂寞。

若干年後，我認識了一位同樣玩登山車的白人中年女子，她先生也在同一條路線摔車，情況和我類似，也送到同一家急診，最後卻因此過世。原來我不過是沒有捐出生命的前仆後繼冒險者之一。

•••

美國人鼓勵冒險，「平安就是福」在西方國家沒有市場，平安而平淡地活著並不是他們的人生目的。如果問人生是要一大杯白開水或一小杯濃又嗆的烈酒，很多人會選擇後者，活得短短的、轟轟烈烈的，活得長命百歲但平淡無奇，一點都不吸引人。美國人就是喜歡活得坑坑巴巴，也願意為了追求刺激提早捐軀。

探險在美國的定義就是不走康莊大道，而是找些可能摔死的旁門左道。我們認為路只是途徑，要抵達目的地，當然走最快最安全的。但在美國，路本身可能就是目的——通到哪沒人知道也沒人在乎，重要的是走起來很過癮，更重要的是夠危險。

政府為什麼特意鋪設可能出人命的特技路段？

我想是要讓人們大膽接受挑戰，就這麼簡單。更簡單的答案是，因為這是美國精神。他們想在世界登山車之都滿足人民追求刺激的權利，也或許是認為循規蹈矩的州立公園乏善可陳，不想以最大安全係數和乏味的大眾標準委屈了國民冒險犯難的權益，所以非常大方的配合著煽風點火、興風作浪，投資建設並製造危險，讓人去探。

一條是生路，一條是險路，自己看著辦；要刺激或乏味，自憑本事選擇。

記著，此處有兩大重點：一是你有生路可退，一是你可以不必來。加州有三百個州立公園，每一個都比這裡安全。對於以平安活著為目的的人，矽谷到處能逛街看電影、喝星巴克，沒人逼你選一條路摔得頭破血流。

⋯⋯

政府花錢製造危險、鼓勵探險，很多地方都可以看到例子。

加州有一條公路每年只有七到十月可以通行汽車，其他月份就是冒險天堂。這條公路通往山上，走到底是一道雪牆不再鏟雪。一個冬天下來，積雪往往好幾層樓深。冬天雪大封路時，唯一深入方法就是騎履帶機車。

從封路點上去再五十公里就能抵達海拔三千公尺的太平洋屋脊步道，履帶機車來回大約四小時，再下去雪太深，連履帶機車都不通。這條有始無終的路，經濟和交通價值是零。為了讓履帶機車順暢行走，五十公里蜿蜒山路必須用壓雪機壓緊。壓雪機來回一趟要一整天，每下一場雪重複一次。鋪了五十公里壓縮路段只走區區幾輛履帶機車，大費周章公路只通半吊子，成就的是極少數人昂貴的探險機會。

這一路上山會遇到幾座結冰的高山湖，一場大雪就能把道路、草原和湖面混淆成一大片，不知情的人很可能騎上湖面，冰若裂了，到夏天才會被發現。這裡的水夠冷，沉在湖底可以永遠當木乃伊。有機會派潛水夫下湖，說不定會找到一些探險失蹤的古人。

路邊就是湖，湖面的冰層可能不夠厚……這些，政府不但不阻止，連最起碼的告示都沒有。當然，人們也知情，故意找刺激挑戰薄冰。

此外，萬一機車拋錨就永遠走不出去，要玩就要有普通常識，至少兩部車同行，要不就帶衛星電話，上述這些都是你自己該想到的，沒人提醒或規定。政府唯一做的就是製造昂貴的刺激，剩下的統統自行負責。冬季維持這段路的成本是每個月五萬美元，玩一整天只碰到幾輛機車，這麼高的代價滿足少數人權益，因為冒險的火種不能斷。

⁂

冒險是權利，不是愚蠢、也不是無聊、更不是沒事找事。這是我們從來沒有思考過的方向。

一座又一座斷橋一直在那兒，不知道有多少尋找刺激的人摔車送急診，救難人員三天兩頭上來。這些是否都能避免？當然。問題是有沒有必要避免？

衝上斷橋的人、摔落的人、送急診的人，和不幸死去的人……大家都做了知情選擇。

⁂

另一方面，冒險的後果是你自己的責任。準備不周全出了意外？抱歉，那是你自己的事。不要光想找刺激，出了事再裝無辜。需要救援？更抱歉，救援不是免費。美國人非常清楚要冒險就有代價，出了事得自己負責。正因為救援不是免費，冒險文化才得以名正言順地持續下去。

這背後我們不理解的哲學是：險盡量去冒、刺激盡量去找，但安全是你自己的事，政府不會提醒你，甚至不會保護你。

等等，岔路不是政府故意鋪設的嗎？會摔死人不是該有警告嗎？

不，自己的安全自己負責＋緊急救難使用者付費＝美式探險精神。

冒險與責任必須平衡。在美國從沒有聽過國賠。去危險的地方摔死不會有人賠你；正路不走走歪路，碰上災難必須救助，美國毫無疑問有最專業、最高效能的救難團隊，但除了聯邦政府管轄的海防和國家公園，救難不是免費。這是對不負責任的制衡，甚至是懲罰。

想玩個過癮就得先做功課、做點準備，學會對自己負責任，甚至為急難掏錢。好比摔車的我付了我的帳單，也付了身體髮膚的代價。不管再蠢都不會有人批評我浪費社會資源，相當公平。

我們還沒學會這一點，所以很多人又要找刺激，又不願認真為後果負責，製造了國賠文化。

⋯⋯

摔車後我一直在想，如果場景換到台灣呢？不幸摔出人命的會不提告國賠嗎？

鋪陳這一切的是製造出刺激與危險的加州森林局，出動救援的也是森林局救難隊。直升機出勤費每小時六千美元，同事打九一一後不到十分鐘直升機就在頭頂盤旋，還出動了兩架。那天徒步兩個小時上山營救我的有十個人，加上在山腰待命的救護車、消防車、直升機，為我動員的總數超過二十人，等待時間五個小時。何等愚蠢又浪費社會資源？

政府為什麼故意製造奪命的危險，不豎立任何警告，又不辭勞苦地出動直升機和救難部隊，三天兩頭把人送進急診室？不斷重複地製造危險，引發傷害後勞師動眾上山營救，這到底是愚蠢、是陷阱，還是文化？

如果發生在台灣，事後林務局長會被叫到立法院罰站、道歉，被罵到臭頭，並限時拆除危險。出了人命，政府官員還得參加公祭，向家屬賠不是。

我雖然是第一次摔車，對營救的人卻是第一百次，而且每一次都一樣專業。他們只專心救人，沒人埋怨我愚蠢，害大家勞師動眾，也沒人在網上撻伐。在台灣會被罵到狗血淋頭，美國人認為是生活的一部分，冒險犯難的精神不能用社會成本來抵制。

對了，明明是山難卻來了一輛消防車，這件事到今天我都沒找出答案，也後悔當時沒問。不過美國有那麼多令人費解的事，即使當時出現一艘輪船我可能也不覺得奇怪，問了反而是我不正常，所以我忍著。

⋯⋯

不設防、不警告的「安全自負」文化，同樣存在於遊客眾多的國家公園。外去優勝美地國家公園走一趟，你會發現絕大部分的懸崖都沒有欄杆也沒有告示。外來遊客不了解美國「自身安全自己負責」的文化極可能賠上性命，二〇一八年一對情侶在懸崖上自拍，兩人同時墜落一千公尺懸崖，那裡沒有欄杆或告示。

來自從小被保護慣的亞洲國家，我們也許會以為沒有欄杆就意謂著安全，習慣了把安全交給政府，認定真有危險的話一定會有人想盡辦法攔著你。下了車，我們被壯觀的視野吸引，傻乎乎邊走邊拍照，下意識以為政府會提醒你、警告你、保護你、阻止你⋯⋯

抱歉，下一步很可能就是十五秒的自由落體。也再次抱歉，這種事美國沒有國賠。

過度把危險妖魔化只會造就人民喪失基本判斷的能力。大瀑布上游，有人蹲在青苔滿布的石頭上洗臉，滑了一跤，為自己缺乏普通常識付出了最高等級的代價，失足處距離瀑布只有十公尺。明明是不需要提醒的普通常識，來自處處耳提面命文化的人卻可能缺乏相關意識。

…

優勝美地最著名的地標是半穹岩（Half Dome）。有一段時間這裡幾乎年年有人失足摔死，最俐落的做法當然是把半穹岩封了，只能看不能爬，要不就是在登山口貼告示牌，說些摔下去會致死的廢話，還得用大大的白底紅字，免得被說沒看到。

但這是警告還是為國賠脫罪？優勝美地有無數瀑布、處處是懸崖，如果每一個都要靠欄杆和告示提醒，公園還能看嗎？

危險應該靠自我警覺，不是靠三令五申的告示。

我爬過兩次半穹岩，登頂最後一段必須拉鋼纜，鬆手必死無疑，那是絕對不能失足的地方，沒有準備好就不該去。至於什麼叫準備好，那是你自己該做的功課。

第一次看到那巨大的岩壁，大家無比震撼，同行友人卻決定放棄。那是走了六個小時、爬升一千多公尺後的放棄。成功就在眼前，他白來了這一趟可是對自己負了責——如何「不失足」，是你自己的責任。

相較於亞洲的保護文化，美國人從小就學會對自己負責，知道如何保護自己。美國人也不把危險妖魔化，還把它當成教材，教孩子如何面對。

第二次爬半穹岩碰到一個洛杉磯來的老師帶著十幾個小女生，慶祝初中畢業。當時由衷欽佩這位老師願意背負這樣的責任，也欽佩家長敢放手讓女兒接受挑戰，更欽佩孩子們認真完成畢業必修課。

把危險包起來保護孩子，不如教他面對危險，學會為自己負責。在美國，如何面對危險是必修課，而且受到家長的支持。

東方文化被保護、禁止慣的孩子，把危險變成了依賴警告才存在的意識。不知道全世界最能防止意外的就是自己，不能推給欄杆和告示，贏了就沾沾自喜貼些令人驚嘆的照片，輸了就告國賠。

••••

冒險與責任必須並存，終極的冒險就得用性命做賭注。徒手攀爬優勝美地酋長岩（El Capitan）打破世界紀錄的「艾力克斯」．霍諾德（Alexander "Alex" Honnold）被問到有沒有想過失足的後果時說，他早就準備好面對那一刻，口氣平淡得像在回答萬一明天下雨怎麼辦。不是他不怕死，而是他勇於面對終極的責任。

舊金山之南半月灣（Half Moon Bay）的山頭上有幾個少有人知的十字架，每一個代表的都是世界頂尖衝浪好手。幾個好朋友在小山頭上豎立簡單的牌子、刻了幾個字，就也算是墓碑了。

西方人把為了熱愛的事冒險而犧牲看作是崇高的行為，大膽迎戰排山倒海妖魔般的巨浪，還正式舉辦衝浪大賽。贏了，就興奮地再多活一天；輸了，就在山頭上立個小小的墓碑。

生命對他們的意義並不是好好活著，而是不斷追求挑戰——直到失去生命。

••••

我們從小在耳提面命的保護中成長，所以我看到那位中國媽媽抓著夾克追著三歲的孩子在草原上奔跑，嚷嚷都流鼻水了還不快穿夾克。叫著、追著、逃著，畫面有點好笑。若再古早點，媽媽追上去可能先一巴掌。從前的「東亞病夫」是否就是這樣保護出來的？

我看到美國媽媽任由一歲大的孩子在酒莊草地上爬，天空開始飄細雨，她仍端著酒杯在涼亭裡繼續品酒；也看過美國父母任憑孩子玩泥巴視若無睹。

兒子若玩泥巴，當年的我會快步衝上去阻止，若認真問到底在阻止什麼，我答不上來。但現在我知道，那阻止了探索與好奇。

⁘

美國人鼓勵冒險、鼓勵大膽犯錯，美式文化最珍貴的就是不處罰犯錯。

西部拓荒史就建立在冒險犯難的基礎上，不敢冒險的就留在家鄉錯失淘金的機會。一輩子在家鄉活得好好的，並不比死在淘金路上光榮。沒事找事是探索文化的基礎，摔得一身傷比從沒摔過有意義。

一九〇三年萊特兄弟升空的那一剎那，火車已經在東西兩岸奔馳四十年了，幹嘛追求又慢又只能搭乘一個人，掉下來就粉身碎骨的危險？冒這個險的效益在哪？萊特兄弟也不知道。他們只知道有危險等著就不能裝作沒看到，也不能不去試。如果不是那一刻冒險成功，今天回台灣我們可能還得搭輪船。

矽谷東灣（East Bay）最高峰是世界上第一個滑翔翼凌空飛起的地方。當時那個鮮有人知的矽谷人大衛．奇邦（David Killbourne）很可能一落千丈捐出生命，徒留晚間電視十秒鐘的意外新聞。他的成功和今天馬斯克的成功並沒有不同：勇於冒險，勇於嘗試，勇於犯錯，更重要的是勇於面對失敗的後果。不敢面對失敗就不會去嘗試，日子也必然平安。

今天舊金山街上無人駕駛的計程車，不就是五十年前凌空而起的滑翔翼？

矽谷的成功看得到的是創新，看不到的是背後的錯誤與失敗。成功了就叫創新，全世界都鼓掌，失敗了就叫愚蠢，想上晚間新聞都未必夠格。檯面上每一個矽谷的成功，哪一個不是一百個愚蠢、失敗和粉身碎骨換來的？

••••

摔車後休養了兩個禮拜，掛著肩吊帶伴著未全消的鼻青臉腫回公司上班，看到的人難免問發生了什麼事，我總淡雅地說在聖塔克魯茲騎登山車跳斷橋失敗摔的。

對話中，「失敗」成了關鍵字，也留下一堆吃驚又不敢多問的眼神，自行編織著我的英雄畫面。今天若再跳第二次，我可能還是會摔但不會那麼慘，至少我學會了如何墜落。原來怎麼失敗也是學問。沒試過或從來沒失敗過的，就是不會。這些都沒人教，只能自己學。

與危險擦身而過無作為，不是美國人的選項。危險不是風險，是機會，錯過危險就是錯過機會。問馬斯克、問賈伯斯、問矽谷每一個成功的創業家，答案應該都一致。他們都曾是那個騎登山車衝上斷橋摔了若干次，最後終於學會飛車跳躍的人。那個「學會」是關鍵。試了而失敗，和從來沒試過不一樣，甚至和第一次就成功也不一樣。

政府不但鼓勵冒險，還設陷阱引誘你摔車，背後支持的就是勇於為結果負責。最終人民學會的是面對挑戰勇於嘗試，失敗了不怨天尤人。沒人說一定要成功，重點是試過、失敗過，也學會了下一次如何失敗。

美國什麼都講究專業，尤其是體育用品。

健行或騎登山車時，經常看到美國人一邊推著專業的娃娃車一邊在上山碎石路上跑步。那種娃娃車只有三個輪子，每一台都超大，輪胎也超寬，一副急著想和主人越野跑的模樣。三個車輪相當合乎邏輯，任何地形都能保持若干程度的平衡。

騎登山車也有專業嬰兒拖車，硬蕊登山玩家還有專業的娃娃揹架，能揹著孩子走連登山車都不能走的山路。這類專業設備市場特殊，價位也很高。

偶爾看到亞洲人湊熱鬧卻捨不得投資專業，把上街的娃娃車搬上山，最後淪為抱著孩子、推車摺起來拖著走，不到十分鐘就兩敗俱傷草草收場。山沒爬成，孩子受苦，老婆罵到臭頭，一個下午也糟蹋了。自己從此也不再爬山。

美國人是有了孩子也不必犧牲自己，大方投資專業，讓兩樣都能成全。

為什麼要把3移到右邊？

我以倒栽蔥之姿連人帶車衝下斷橋那一回，因為頭部先行著地，同事打九一一求救，直升機、救難隊……大夥都來了，為了我，山上頓時好不熱鬧。那時如果我數學太爛，現在可能已經破產。

救難隊把我抬下山送上直升機的兩個多小時內，為了讓我保持清醒並測試神志，一路上廢話不斷，不停問我意見，還硬要我表態，不時加考些低階數學題。他們不知道，即使快掛了，數學也難不倒台灣人，只要還有心跳都答得出來。我很想告訴他們用數學測試亞洲人的生命跡象這招不靈光。

剛開始他們不清楚我的來頭，問的都是二加三或一加二這種大狼狗問題，後來愈問愈難，仍是話音剛落，我答案已經丟了出去。整路我都期望他們問我來自哪裡，到底是吃什麼長大的，我猜想是為了民族自尊，他們全忍了下來。

玩累了，他們換問我美國總統是誰。當時歐巴馬剛上任，我一時口誤說小布希，這下非同小可，他們馬上追問我是不是認真的，我這才了解原來他們一直很認真——包括那些只要智商高於體溫的人都答得出來的數學題。

送上直升機前，隨機醫官又做一次生命跡象測試。雖然官階較高，問的仍是低階數學，我真想建議他問些難一點的。醫官和救難人員一陣交頭接耳，回頭說我生命跡象穩定，只能降級搭救護車。我回說可惜這一輩子從沒坐過直升機，幽了他一默。醫官說直升機不是免費的，出勤按時計費，帳單大約是三萬美元，不過因為我沒有使用，不會收到帳單，應該慶幸才對。

⋯

這回意外一方面讓我真心感激台灣的數學教育，一方面也見識了美式僵化但講義氣的江湖規矩。

直升機空轉了近五個小時，營運成本已經花了，卻因基於使用者付費原則不能跟我收費，只能空機折返。從那裡坐救護車下山到急診室要一個多小時，其中一大段是碎石路，若照台式思維，既然已經等了五個小時，反正是空機，我又是個鎖骨折斷的傷患，說不定還有腦震盪，為什麼不順便載我下去，讓我少吃點顛簸之苦？

然而，美國的制度裡沒有「順便」，順便不叫行善，而是製造例外。如前文〈為了防止當機，我們必須不知變通〉所述，美國人無法處理例外。

此外，沒搭到直升機事小，憑著對答如流的數學竟省了一大筆帳單，那才是事大。

⋯⋯

我大學念文組是因為數學爛，並不是出於選擇。在那有出息的男生就該念理工的年代，數學分數決定了一個男人的未來。決定赴美念碩士後赫然發現，美國人不計前嫌，高中畢業後就沒念過數學的我也可以直攻資訊科技。

去學校報到那天，哈佛博士指導教授看著我的大學成績單說，我可能要回大學部補修數學，學校有一堂開在禮拜六下午的課，專門給爛數學研究生修補過去。教授又補了一句，你來自台灣，數學應該不錯，要不要花一百美元做評鑑，過了就可以省下一千五百美元學費？

當時一百美元對我來說太昂貴，以我的數學能力，我不相信自己過得了關，報名費肯定白白糟蹋。我不敢賭又深切了解自己的程度，教授不知道文組出來的我數學有多落後。我回絕了。

第一堂數學課不到十分鐘，我就後悔沒有考評鑑。如果是這種等級的數學，台灣隨便一個國中生都可以上台當講師。那是我在美國第一次下巴脫臼。

混著混著，老師在黑板上列了個代數問題，確切數字不記得，大致是：

$2x+3=9$；$x=?$

我不曉得是那個學校的程度太差，還是一般美國大學生程度就是如此。問題拋出來，全班鴉雀無聲。十來個學生，我坐中間，回頭看，沒人舉手。老師大膽鼓勵大家試試。沒有。老師耐心等著。沒有。

當時我心裡只閃過一個令我顫抖的念頭：老天，我該不會花了一千五百美元來學這種東西吧？

我知道美國人不知害羞為何物，知道答案一定搶著舉手，忍不住懷疑美國的數學和台灣是不是不一樣？其中是否有詐？

我忍著沒出手，案情不可能這麼單純，我要等別人表態，絕不上當。老師的眼睛轉過來落在我身上，八成知道東方人才是最後的希望。我忍了很久終於小聲說「不應該是3嗎？」，用疑問句給自己一個下台的機會。

初來乍到什麼事都有可能，也許在美國2+3等於6。

拋出答案後，我多希望聽到「抱歉，不對」，證明美國的數學不一樣，我的學費沒有白繳，這堂課可以繼續上，卻聽到令人崩潰的「謝謝，完全正確」。

我開始盤算如果退選可以拿回多少錢，怎料充分了解東方人數學能力的老師繼續追殺，要我解釋怎麼解的。這個我行，全台灣都行。

我開始解釋，把3移到等號右邊就變成-3，然後blah blah blah……

突然，一個女生舉手打斷了我。她說：「對不起，我有兩個問題。第一，為什麼要把3移到右邊？第二，為什麼移過去要變成負數？」

那是我的下巴第二次墜落。落地原因是這種問題你也敢問？你們的數學真的已經爛到哪些該問哪些不該問都分不清？這就像問地球為什麼是圓的。

我回答她這是數學定律，我們都是這樣教的。

那個當下我還覺得委屈、覺得美國人愚蠢，愚蠢到大膽，大膽到不怕別人吃驚。數學不就是以最快的速度算出正確答案嗎？這麼簡單，幹嘛要節外生枝問些為什麼？知道了為什麼你還是不知道答案啊！沒有答案的數學算哪門子數學？

⋯⋯

最後老師為我解了圍，順便為我打開了下一步的眼界。

老師說要回答女同學的為什麼需要很多時間，願意的同學歡迎課後留下來。我可以想像這要是在台灣，老師會回答「這是數學定律，記下來就可以了」。定律在我出生的世界就是法律，不能質疑為什麼。一句簡簡單單的話卻足以瞬間扼殺所有的好奇。

那堂課是下午兩點到五點，而且是周六。五點鐘課堂結束，老師履行他的承諾，開始講解。我以為大家都急著回家，但所有同學都留了下來，搞得我也不好意思離開。其實那時的我對於「為什麼」並沒有興趣，仍舊只在乎結果。台灣來的我只想快拿分、快畢業、快找工作，沒時間在乎為什麼。

那天老師整整花了半小時解釋。我沒聽懂，一是數學英文不好，二是從來沒有接觸過深入分析式思維。那已經不是語言問題，而是大腦是否習慣於這樣的挑戰。

看著班上那些令我下巴脫臼的美國同學頻頻點頭，我開始困惑：我明明是全班唯一知道答案的人，為什麼現在卻像個白痴？知道答案而不知道為什麼真的這麼不值錢嗎？

更糟的是，我連那個「為什麼」的背後邏輯都聽不懂。我本來領先，現在卻掛車尾。我的大腦只是用來背誦，從來沒有受過思考分析的訓練。

事後我沒有退選，並非受到啟發想留下來學習美式的為什麼，我沒那麼偉大，我只想生存下去。沒退選原因是下一次檢定考還要等六個月，這一堂沒拿分，後面很多課都不能修。最後我拿了個A+，只犒賞成果的學習模式要拿高分真的很容易。美國人不知道我們擅長的只是知識，這是我們的小祕密，美國人不懂，我也不說。請你也不要說。

只不過這小祕密並不代表競爭力強，真章要進了職場才分曉。

•••

若干年後我進一步學到，原來不知道答案也可以拿滿分。

那堂補修數學課後又過了多年，兒子開始接觸當時的我還不深切了解的美式教育，他念的是蒙特梭利體系，一路念到高中，二年級開始教九九乘法。先聲明，他們沒有什麼九九乘法表——「表」的意思就是把公式列出來讓你參考。由於答案並不重要，所以沒有列表，也不提供答案。

那天我順口問兒子三乘四是多少，期望他以千分之一秒的速度把答案唱出來，那應該是直覺的化學反應，不能思考，要和電腦磁碟機一樣快才行；要像過去我們背誦唐詩那樣琅琅上口一字不差；要半夜兩點叫醒也能對答如流。

我潰敗了。他說不知道。

我寫了一封 E-mail 給老師，說全台灣的小二生沒有一個不把九九乘法表倒背如流，並請老師解釋他們的教育方式。老師約我隔天接孩子先跟他談談，我依約前往，也準備好一套說法以分享台灣的算術有多厲害，豈料連迎戰機會都沒有。

老師先把兒子叫過來，問他三乘四是什麼意思。注意，老師不是問「多少」，而是問「什麼意思」。

孩子拿了一塊上面全是插孔的塑膠板，小心翼翼地把塑膠片一個一個插在裡面，三個一排，一共插了四排，然後回答這叫做三乘四。老師接著問那是多少，他一個個慢慢數，數得很小心。這一路我都在一旁掙扎：是我完全錯怪了美式教育，還是我下了這麼大的賭注，讓孩子接受如此的教育。

兒子數完了，回答十二。

老師接著問四乘三是什麼意思，兒子把板子轉了九十度，一句話也沒說。

老師讓孩子回去，說這個十二是數給我看、讓我安心的。不知道答案或數錯都是滿分，因為任何計算機可以回答的，他們都不在乎。學校教的是過程不是結果；了解過程就會知道結果，但反之並不亦然。

「過程與結果，哪一個對孩子有價值？」

老師當時這樣問我，我沒有回答，只覺得像重重挨了一巴掌。

⋯

人人都聽過「數學是科學的基礎」，但這句話的另一半是——數學的基礎是回答「為什麼」。當年補修數學課堂上那位發問的女同學未必有這些先見之明，但那反映了美國人一路受教育追求的是了解「為什麼」。回顧我這一生在台灣生存的宗旨則是：不要問為什麼，只要答對就好。最快走完就贏，不管如何走。總之最先知道答案的就是第一名，評分中沒有是否了解「為什麼」這一項。

我們在乎「結果」，美國人在乎「過程」和原因；結果靠「做」，過程靠「想」；結果是知識，過程是理解。互相參照，我似乎看到了台灣根深柢固的代工文化在美國課堂上挨了一拳重擊。

亞利桑納台積電台籍主管談論起在美國帶領團隊和台灣的不同，和我在矽谷所見相同。跟台灣工程師說你要「什麼」，他就會完整地做出來；美國工程師卻必須先告訴他「為什麼」，他才肯動手。

在矽谷，我甚至遇過美國工程師不但問為什麼，還挑戰你的為什麼，即便對上級亦然。而矽谷的產品就是回答那個為什麼，經過無數挑戰後淬煉出來的結果。

我也想到 Netflix CEO的名言，「如果想建一條船，不要只顧著叫人們砍樹伐木，要先讓他知道為什麼要建這條船，讓他先對航海充滿幻想。那是一切的原動力」。

矽谷混了三十多年，我學會科技公司做事就是只要符合目標、符合框架，怎麼做不會有人管你，也不會有人教你。一切都是你個人的決定，不懂思考、沒有格局就可能卡死——大家巴不得你卡死、看你出洋相，這是矽谷殘酷的同儕文化。

•••

台灣的基礎教育或許表現優秀，因為大家都靠記憶得分，學習就是背知識。我成長年代如果答錯了，甚至可能換得真正的一巴掌。當年的教育在乎結果，而且只在乎結果，不符合結果就打到合乎結果。最終，如果孩子的自信尚未崩潰，倖存下來的當然合乎結果——我們稱之為好學生。

我們一路學的都是What和How，很少在乎Why。即使有人想問為什麼，可能怕出醜、丟人、被嘲笑、受懲罰……這些統統都會立刻把剛萌芽的好奇一腳踩下去，從此不敢發問、不敢好奇。

但教育不應該是學知識，而是學思考、學理解。學知識不叫教育，那叫訓練、叫補習班，在南陽街只要付錢就一定收。進入思考比知識重要的高等教育，我們就開始落後。

我不懂數學、也不懂教育，之所以能在矽谷長期存活是因為學會了思考與表達。數學學的並非運算能力，而是解決問題的能力。美國人的數學很爛，但會思考，有獨特的看法，也懂得如何闡述自己的想法，甚至懂得如何說服想法和自己不同的人。這一整套合起來，才是競爭力。矽谷職場生存有三步驟：會做、會想、會說，台灣人精通第一步，但愈往上爬就愈弱。

如果我們一路學的都是「什麼」而不是「為什麼」，那一個字就是思考力與競爭力之差。多麼昂貴的一字之差！

今天的我對一切都感到好奇，都想知道為什麼，就像個美國的孩子。就我的年紀，我晚了，但我突然覺得每知道一個為什麼都有小小的成就感。我也覺得「成就感」原來比「成就」還重要。美國的孩子好幸福，可以放心問「為什麼」而不必怕被人嘲笑。過去的我們擔心得太多了，也不知扼殺了多少好奇。學習時能夠不怕丟人，真好。

可以玩；矽谷山上破天荒下大雪，七十多歲的人扛著雪橇走上山，從公路一路滑下來，像個頑皮的少年；在太浩湖度假，八十歲的鄰居老夫婦每天清晨起來划獨木舟，一人一艘；在美國人家後院看到七十老人在游泳池邊騎著孫子的小腳踏車，像猴子一樣繞著游泳池。

是不是富有，決定在生活方式。

美國老人不把自己當老人，也不把晚年當晚年。所以不要再說美國是老人的墳墓了，他們過得比你還充實。如果老了怕寂寞，是因為從來沒有學會怎麼過日子。

誰說美國是老人的墳墓？

那是用亞洲思維來看這件事。如果把兒孫繞膝當作天堂，美國的確是墳墓。但美國老人才不想養了一輩子孩子再去帶孫子，他們要空間、要隱私、要獨立、要自由，要自己的生活方式。這些都活在血液裡。

也不要跟美國的老人說這把年紀了，公園走走就好。

在大峽谷谷底碰到一對八十三歲的老夫婦，每年來一次，已經走了二十五年；騎登山車被一對七十五歲的老夫婦追過，稍後碰到黑熊他還比手勢叫我慢下來不要出聲。看到他們，我告訴自己還有很多年

我家門前有餐館，後面還有殯儀館

送花這行業其實不錯，永遠能給對方快樂和驚奇。美國人喜歡送花讓對方驚喜。過生日遠方朋友透過送花系統請當地花店代送一盆花，我就是那個快樂訊息的傳達者。

我送過比佛利山超級豪宅的花，女主人打開門看到那一盆遠在日本出差老公送來的花喜極而泣，差點想抱著我親，哪知有一次卻是我被驚奇到。

那回我開著小卡車照地址按圖索驥——那年代仰賴的是一本厚厚的地圖，下了高速公路進入住宅區，找到那棟古老又巨大的住宅。按電鈴出來一位老先生，我說送花給某某人。他說可以代簽但走路不方便，要我把花送進去。花連著瓷花盆，滿重的，老先生說送左邊第二個房間，自己推開門把花放在桌上就好。

我照做了。本來還猶豫要不要照美國規矩，先敲個門再開門，還好沒丟臉，要是真有人應門那才叫見鬼。

昏暗的房間裡，我看到一個人躺在床上睡覺，半秒鐘後回過神，原來那是停屍間，那人連頭都沒蓋，容貌看得清清楚楚，臉色蒼白像蠟做的，那是我距離死人最親近的一次。我把花放在床邊小桌子後就加速離開順手帶上了門，老先生卻提醒我要確認名字，害我得再回去一趟，順便不放心地又瞄了那人一眼，確定他沒有偷看我。老先生倒也瀟灑，不覺得我會害怕，不擔心我昏倒，連聲警告都沒有。對他來說，那根本是一床棉被。

穿過客廳，我這才注意到陰暗的角落擺了幾副棺材。滿頭困惑的我想，這裡不就是一棟普通住家嗎？為什麼殯儀館開在住宅區，旁邊還有鄰居？開車轉出去時看到一個小牌子，上面是那時我還不認識的關鍵字「Mortuary」——要是還不認識這個字趕緊記下來。殯儀館有各種不同說法，甚至可以稱做教堂，可別被騙了。

⋯⋯

Google 總部所在的山景城有一條美食大道，兩邊餐廳林立，車水馬龍，經常塞爆四周街道。Covid 疫情後，擺在馬路中間的餐廳桌椅索性不拆了，商家生意好到再多桌椅都坐不下。距離那片喧鬧不過一百公尺的同一條美食大道上有棟雅致的獨門獨院住宅，入夜後打了燈襯托著西班牙建築之美，庭院裡扶疏的花木同樣打了燈，一副常年舉辦派對的模樣。

如果不認識牌子上的字，可能會以為那是棟賓館，甚至打卡擺 Pose 猛拍照貼臉書。賓館和殯儀館就差一個字，長得也像，招牌拆了確實立馬能當成 Airbnb 出租，畢竟步行五分鐘就可以嚐遍三十家餐廳，這地段肯定可以租個好價錢。唔，以後租 Airbnb 得先了解一下房子的歷史。

下班約了同事去鄰近城鎮吃晚餐，城中心就是一條一百多公尺擠滿餐廳和商店的街道。晚餐時段人行道擺上桌子，一片燈紅酒綠。我們坐在人行道上喝酒吃飯，我看著馬路對面的殯儀館，古宅兩邊都是店租昂貴的店面。很顯然，大家都沒把它當回事。

殯儀館弄得這麼家常，氣氛搞得那麼和藹可親，誰也不會和恐怖聯想在一起，晚上獨自經過也不覺得需要加快腳步。在美國，東方人的最忌諱搶的可是超級黃金地段。

••••

美國八十％殯儀館開在住家，也都是家族小本經營，我從來沒看過台灣那種規模。

美國什麼都是大規模機械化集中處理，唯獨殯葬業例外。殯儀館的地位和商店一樣，要和人潮與交通為鄰。住商分離的城市規劃下，美國的住宅區未必有餐廳，卻可能有殯儀館，而且往往開在黃金地段，就像開在忠孝東路上那樣。住家與殯儀館為鄰，稀鬆平常。

在 Google 地圖打入 mortuary，你可能會發現自家附近就藏著不知道的小祕密。認真查的話，舊金山共有十七家殯儀館，幾乎全都在人口稠密的住宅區，有三家甚至擠在同一條街上五十公尺之內，看了一家不滿意還可以看別家，隔壁就是人聲鼎沸的成排餐廳。下次到舊金山旅遊，訂旅館前最好先透過網路地圖看看四周環境。

我住的城市有一棟殯儀館坐落在老城區大街，開車來往多次，從沒注意到它的真實身分，一直以為那只是一棟古老的大房子。最近再經過看到旁邊蓋了公寓，把百年老宅夾在中間，這才注意到門前那塊牌子。公寓住家打開窗戶看到的就是殯儀館，也許他們寧可與殯儀館為鄰也不要 7-ELEVEN。超商在隔壁的話，車子進進出出晚上豈不吵死人？死人才安靜。

近年漸漸有殯儀館順便接辦婚禮，婚禮和葬禮都需要小小的教堂，也同樣需要講台——葬禮時放棺材，婚禮就是新人的舞台。年輕人為了省錢，連場地都不分了。

西方人除了賓館與殯儀館不分，墓園與公園也不分。殯儀館入駐民宅，墓園同樣深入民家。

我家散步腳程內就有三座墓園，其中有一個是豪宅群圍繞的印第安古墓園，一百多年的古老。晚上散步經過看到林立的墓碑後面就是林立的華宅，夏天晚上經常有人舉辦派對。

以前買不起房子時周末熱愛到處亂逛看房子，好與美國夢沾點邊。有次看到一棟山腰上的房子四周都是樹林，接待的白人房仲領著我們一個房間一個房間參觀，二樓主臥室窗外就是一望無際的墓園，晚上躺在床上都看得到墓碑。房仲稱讚這裡安靜，彷彿那是一座公園。晚上安靜我不懷疑，但平靜？看我們是東方人，房仲加了句「是不是迷信要看你們自己囉」。那口氣是提醒，意指這麼安靜的好風水別人可搶著要。

上網看看緊鄰墓園的房子，一點都沒有便宜。

上回去英國入住小鎮旅館，打開窗戶正正面對著一座古墓，墳邊還有些奇怪的石雕，一看就知道年代久遠，讓人懷疑晚上搬張椅子坐在窗前耐心等候，肯定能捕捉到吸血鬼出入的鏡頭。古墓是賣點，甚至可能是特意安排的好房間。

⋯⋯

到了鄉下，墓園不只是公園還是社區，裡面的百年住客都是鄰居。刻滿故事的鄉間墓園有美國最獨特的死亡文化。美國的墓碑不只有名字，還有生、忌日與家人的懷念，有些還介紹一生事蹟，每一個字句都真誠刻骨地流傳下來。

鄉間小鎮往往有一條 Main Street，那是唯一的街道，小鎮的一切都在街道兩邊：一間教堂、幾家曾經輝煌的店鋪、一間郵局、一家雜貨店附帶加油站、一家五金店，沿街散落幾十戶人家、幾輛生鏽的小卡車，幾隻昏睡終日的狗。就這麼簡單，也這麼固定。但在進入小鎮之前，最先映入眼簾的往往是墓園，就在同一條街上，與簡單的人口比鄰而居。長途旅行常常半天看不到一點生命跡象，但看到墓園就看到了人跡，看到了希望。墓園是小鎮一部分。

有回在北加近內華達州邊界的淘金小鎮過夜，晚上摸黑抵達，沒注意到對面就是一座墳場，不但緊鄰小鎮中央，旁邊還是餐廳酒吧和藝品店。第二天早上穿過馬路去墓園逛了逛，發現好幾個墓碑的死亡日期前後相去不遠，也葬在一起，又都是年輕人，讓我懷疑是不是碰上了礦災。另一批相近的死亡日期再早了幾年，卻橫跨好幾個月份和不同的年齡層，歷經 Covid 回頭想想，會不會是一九一八年那次疫情？是的話，這不啻是 Covid 忠實的歷史紀錄，在沒有疫苗救命的時代，留下來的，無疑是死亡和墓碑。墓園裡每一具石刻都是戶口名簿，一百年前的災難媒體未必報導，卻深深留存在石碑上，只有鎮上的人才知道，也是小鎮私藏的歷史。

行經北加州海邊著名觀光小鎮入口，第一個映入眼簾的同樣是墓園，四周圍繞著餐廳與旅館。人們坐在露台享受海風，品嚐葡萄酒和歐式小點，對於眼前那片古老的死亡一點都不在意。小鎮裡逛一圈，畫廊、藝品店和品酒屋的末端散落著矽谷人夢寐以求的雅宅，這一切也全被另一個更大的墓園包圍著。墓園的大樹下坐著午後乘涼休憩的鎮民，草地上鋪著野餐墊，孩子們在墓碑間奔跑。

小鎮有兩個墓園，一個在入口，一個在正中心，我懷疑這裡死人比活人還多。一八五〇年從廣東來淘金的木船在此撞礁沉沒後，倖存者登陸就地定居，從淘金改伐木，也不去什麼舊金山了。鎮裡有一間拜關帝的中式古廟，夾雜在西式建築中相當突兀。想必墓園裡也有刻著中文的墓碑，標記著一批客死他鄉的華人。這些，都是沒有課本的歷史。

鄉間公路旅行看到墓園我會停下來拜訪。看墓碑也成了旅途景點。

有次在小鎮墓園裡看到一位母親為九歲夭折的女兒立的墓碑，日期是一八七八年二月。古老的墓碑滿布裂痕，但相隔一百四十五年後、來自世界另一個角落因好奇而繞進來的我，仍舊看得到女孩的名字與生、忌日，能仔細閱讀女孩母親留下的血淚字句，低頭揣測小女孩早逝的原因。雖是個完全不相干的陌生人，一個一百四十五年後的未來人，我竟然也為這位夭折的小女孩感到淡淡的哀傷並致上了悼念——悼念不會過時也永遠不會遲到——也許，這就是那位立碑的母親當初期望的？

如果墓園不是位於小鎮入口，如果墓碑上不是刻滿故事，不會有旅者為它停留，墓園將成為永遠不會有人造訪的另一個世界。

在北加州海岸公路開車旅行，看到的小鎮墓園年代都是一百五十年以上。當年從這裡到舊金山唯一的交通工具是馬車，如果有路且到得了的話，那是足足兩個禮拜的旅程。一百五十年後的今天，墓園和舊金山仍然是脫離的，科技並沒有改變這些。今天走進墓園，你仍會看到很多墓碑前放著花、擺著玩具，推測是非親非故的鎮民放的。一百五十年了，住在墓園裡的人並沒有被遺忘，也沒有被人恐懼，大家仍然是鄰居。墓園、住宅、先民、居民、過往旅者……眾生共存，向來如此。一百年、兩百年都沒有變過。科技不會改變古老的社區關係。

美國荒郊野外的路邊偶爾會看到小小的十字架，表示有人曾在此失去生命，大部分是車禍。我也看過樹林裡的十字架，回去上網查看才知道有人在那裡遭到殺害。如果掛著小卡片，我會停下來看一看卡片上的紀念文字，順便表達敬意。

西方人對此沒有忌諱，只有大方公諸於世的懷念，路邊十字架常常一擺就是好幾年。下班每天經過的高速公路旁那個十字架就擺了五年多。上禮拜經過時又看了一眼，旁邊竟換了兩束花。除非被大自然掃除，人們多半讓花束永遠留在那裡。高速公路路肩不能停車，以美國不能例外的民族性，在路邊停車立十字架並定期換花肯定會被告發。顯然，面對這件事情，他們允許例外。

墨西哥有一條惡名昭彰、迂迴在海岸線山脈之間的死亡公路，路邊放的不是十字架而是小小的神龕。當地人說每一個神龕都是一起死亡車禍，也是一個家庭的悲劇。行駛在那條公路上，幾乎每隔幾分鐘就會看到一樁不幸的往事。如此這般流傳下去，讓行駛其中的往來車輛更加謹慎。

那天開車經過一片原野，看到路邊有個獨特的十字架。我猜那是一位重機愛好者，因為旁邊擺了一輛玩具重機，十字架上掛了一頂帽子，地上擺了啤酒罐。看看旁邊逝者友人留下的字句，得知他生前應該很愛喝啤酒、愛開玩笑。抬頭往上看，朋友們掛了個骷髏頭和南瓜鬼，下面寫了斗大的「Spooky」（嚇死人了）。

在滿山荒野中那小小的十字架前看到這個玩笑，我發自內心笑了。哪怕是三更半夜我也會笑。如果逝者不是個有幽默感的人，好友們不會拿出最後那份誠摯，為他畫上這樣一個令人莞爾的句點。或許那位重機騎士也在旁邊偷偷陪著我笑，還帶著一絲沾沾自喜的得意。如果我是他，我也願意別人看了我的墓碑會心一笑。面對死亡，為什麼我們不能選擇幽默，總是選擇哀傷和嚴肅？

⁂

在美國參加過幾次葬禮，每次都溫馨小巧，只有三、四十個人，沒人為了社會關係到處發訃聞，在場的每一個人都有該來的理由，更不會有人拿「有多少人參加」的數字換面子。葬禮上只有懷念和笑聲。

我不禁想，萬一往生者的靈魂就飄浮在我們上頭，做為送別的朋友，希望他看到的最後場面是什麼？是讓他帶著莫名的悔恨哭著離去，還是帶著笑飄走？萬一死者和活人一樣，有著完全一樣的情緒，反正要走的，分離時哭哭啼啼哀天怨地vs.輕鬆而懷念，哪一個比較容易接受？

東方的葬禮彷彿是為活人舉辦，整場都以哀傷為主軸，讓送行者抒發心中的難過；西方的葬禮彷彿是為死者舉辦，整場都以溫馨懷念為主軸，讓他帶著微笑離開。

有位愛和我開悶騷玩笑的同事過世了，葬禮上有人上台述說他的生前趣事逗得台下集體大笑，我在敞開的棺木前也悄悄對他開了個心照不宣的玩笑，還用眼神告訴他：「老兄，你穿西裝的樣子實在太土了吧。」我知道他憋著不敢笑，不然成何體統？活著的時候我肯定會對他說的話，為什麼死了就必須不同？

後來我參與親手埋了他。埋人挺累，二十來個人一鏟一鏟填滿六呎深的墓穴，花了快半個小時。這是我們能為他做的最後一件事，而他也許在某個地方看著一切。

面對送別，除了嚴肅、哭泣和哀傷，應該也可以有其他的選擇。

•••

新聞上看到有一間家庭殯儀館出售，大概是給人當住宅，最後加了一句「這裡有可能鬧鬼」。反映出美國人誠實且不把鬼當回事的天性。或許加了那句話價錢賣得更好，會考慮買殯儀館當住家的，大概也希望順便鬧點鬼。

去紐約美國朋友家作客，骨灰罈就放在客廳壁爐台上。朋友很光榮地對我解釋那是他父母的骨灰，一點也不擔心我就地心肌梗塞。雖然當時真有點怕他堅持留我晚上在客廳睡沙發過夜，但這同樣反映了死亡就是生活的一部分，美國人展開雙臂坦然面對，毫不避諱。

而說到底，死亡是否真的恐怖，還是我們要它恐怖？為什麼死亡在東方有一堆迷信與忌諱還被揩油借來蹭面子，在西方卻以大方誠實的方式來表達？為什麼人死了就得敬而遠之，不能在最後一次的聚會把他當活人看？為什麼靈魂非得陰冷恐怖，而不是延續生前的個性？

美國令我失敗又昏倒的事很多，但面對死亡這件事，美式哲學彷彿有點道理。而鬼很可能是機會主義者，你愈害怕，他愈要鬧你，把鬼當人看，鬼反而沒轍。美國人對死亡的看法比較合理，所以我也慢慢地、仍有點不放心地同化了。

墓碑文我也想好了，是那種讓人看了想會心一笑的。不過那天閒著無聊，網搜幽默的墓碑文照片，發現竟然有人捷足先登，和我的一字不差，害我得重新想一個，免得哪天到了另一個世界還得擔心被鬼告抄襲。

美國有很多地址的街道名稱一樣，不同的是後面的「單位」，而且經常是縮寫。比方一個是館前「路」，另一個是館前「街」。

舊金山有第六「街」（ST）也有第六「道」（AVE），兩者可能有同樣的門牌號碼，卻相差十萬八千里。以前還沒有 GPS，經常碰到初來者找錯地址。

我家就坐落在兩條街名一模一樣但單位不一樣的交叉口，等我退休以後，大可搬把椅子坐在家門口，每天算算多少人找錯路。

那天要去矽谷一間圖書館，打入關鍵字就上了路，渾然不知導航企圖把我騙到懷俄明州。還好我發現得早，不然現在還在路上。

查了一下，全美有十四個城市和我的目的地同名同姓。

事實上，美國有二十個巴黎、七個紐約、三個倫敦，紐約和洛杉磯都在德州。全美國共有十一個城市叫「加州」，加州則有個城市叫內華達。

這國家夠亂也夠可憐，地方大又想不出名字，只好亂取一通或開放進口。美國有南京、北京，還有二十八個廣東 ── 不是巧合，都是中國借來的。那何不來一個叫中國？當然當然，德州有個小鎮就叫中國，最夠意思了！我還在等台灣。

菜市場名冠軍是華盛頓，全美共有九十一個。

全世界只有美國政府會「打烊」，而且到目前為止已經打烊過二十一次。最長的一次是二〇一九年的三十五天。

烊怎麼個打法呢？

非必須營運的部門統統關燈就寢，員工被迫休無薪假，所以國家公園、山林管理、聯邦法庭、移民管理……全部打烊；必須營運的部門照常工作但暫不支薪，比方機場安檢、邊界巡防與海防。

打烊期間，國家公園大門敞開，洗手間無人清潔，很快就變成第三世界的糞坑。員工想自願清潔也不允許，感覺應該又是扯上了保險：若在糞坑摔傷，保險不賠。

為什麼會如此荒唐？

政府打烊是政黨惡鬥的犧牲品。每年十月一日預算核發，政客就拿預算當作政治談判籌碼，每年玩一次不嫌累。談判過了就沒事，否則八十萬員工又要失業，國家公園的洗手間再一次淪為糞坑。

我居住的城市地方政府寄來的福利通知經常厚達好幾頁，真正的資訊不過只有幾句，原因是上面列了十九種語言——我可是扳著指頭算的。裡面大部分語言都沒聽過，比方苗語、三毛亞語，徹底超越了國家而深入到族群的層次。

用十九種語言表達訊息是單一語言的十九倍成本，也解釋了為什麼美國政府營運效率這麼低、成本這麼高。

其實美國人大可說：「不懂英文不要來，是你自己要來的，關我啥事？這麼多窮人都來不及照顧了，還浪費錢在移民身上？」但移民來美國，政府免費教英文、給福利、給保險、給食物券，幫助適應，也幫忙找工作。語言不通，官方通知也幫忙翻譯好。

很多人不知道，美國並沒有官方語言，只要超過若干人數，政府就支持。

這個國家問題夠多，但格局也夠大。

後話

不變的總是不變

那些令我失敗的，三十多年後繼續讓我失敗。

在美國混了一輩子，我還是聽不懂英文，還是聽不懂美國俚語，還是聽不懂美式笑話，還是不知道脫口秀裡大家笑些什麼，也仍然搞不懂美國人。

前幾天在辦公室邊和同事敷衍地聊天邊查看 E-mail，一路都算順利，直到旁邊那位同事話鋒一轉，突然說：「我昨天失去了一個兒子。」

我知道同事有三個兒子，莫非現在只剩兩個？

我仔仔細細在千分之一秒間來回推敲這句話。沒有聽不懂的地方，這是國中英文，也不可能有誤解的空間，但時機、場合和情緒都顯示了是個陷阱。

來美混久了我慢慢學會，突然碰到令人下巴墜地的事要用手先撐住下巴，不要搞不清狀況就隨便落地，那樣很丟人。這類情況通常有詐，最好按兵不動不要表態，通常就是裝著沒聽到。只要咬緊牙不予回應，再難熬都可以撐過。保持沉默在社交生存上很管用。

但這一回情節嚴重，不能裝著沒聽到。這不可能糊弄過去。

如果同事說少了一個輪胎，裝沒聽到不至太離譜；可是少了一個兒子……除非天花板塌下來打斷我們的談話，我找不出任何藉口當他沒說。

堅持不出手有個好處，偶爾可以等到程咬金援兵。

那一天就是。另一位同事剛好此時走進來，看我這邊沒下文，同事把同樣一句話對著那個倒楣的同事重複了一遍。

新加入的同事同樣愣住了，那一刻我覺得無比光榮，所以真的不是我的問題。

但那傢伙想了一會兒就笑著回答：「哈哈，他滿十八歲了？恭喜。」

我繼續查看 E-mail，心裡直罵髒話。×！

這就是美國人。這不是俚語，這根本是言下之意，Google 查不到，ＡＩ也不懂，憑什麼我要懂？更嘔的是，為什麼另一位同事就懂？——雖然他也掙扎了一會兒。

後來我跑去問 ChatGPT，它說我應該上前安慰我同事。

一句本該恭喜的話，幸好沒砸在我手裡，變成節哀順變抱著同事痛哭。

⋯

至於為什麼是恭喜？那又只有美國人才知道了。十八歲，父母可以不用再負擔他的生活，再狠一點的說不定叫他搬出去。很多美國父母只維持法律最低標。

你說這不是陷阱是什麼？偏偏這類陷阱在美國社交上不停出招，美國人仍然樂此不疲，丟來丟去看你如何接招，所以我接了一輩子。漏接次數好像一點都沒有減少。

唯一的差別是，剛到美國漏接的都是初級班的招，現在漏接的是比較高深的陷阱。數量不減，品質卻提高了。我也不知道是不是該有點成就感。

⋯

剛進職場不久，有天一位同事對我說，「你有沒有注意到某某某的耳朵變低了？」說完誠摯地等待我的反應。看我無動於衷，他以為我沒聽到，同樣的話又重複了一次。

總不可能兩次都沒聽到吧？當然可能！我仍舊咬著牙當啞巴，死不開口。相信我，這沒有熬不過的。最後同事沒趣地說，哦，我是說你有沒有注意到某某某剪頭髮了。彷佛到這一刻才終於發現我是個外國人。這叫自討沒趣。一來就先用猴子都懂得的英文跟我說話有這麼難嗎？

台灣人不會隨便問一個外國人「保利達B和保利達P有什麼不同？」，認真期待血統純正的運將答案。為什麼美國人就是學不會，老把外國人當美國人看，直到自討沒趣為止？

或許這正反映了這個民族天真、調皮、沒有心機。心機用在日常對話是察言觀色、體諒別人可能聽不懂你們家的表達方式。這方面台灣人最窩心。

美國這麼大、這麼複雜、這麼混亂，擁有來自世界各地不同的移民，每一個文化都有自家俚語和言下之意。隨便到密西西比州找個鄉下農夫空運到矽谷，讓他開講二十分鐘，矽谷的美國人聽得懂才怪。

••••

離開社交，正式會議裡同樣有可能得突然接招。

曾有美國主管在會議中丟了一句也許他認為是稀鬆平常的美式俚語。當時在討論一個問題，他說問題都掉到裂縫裡去了。我一直掙扎這到底是指好還是不好？表情應該如何配合？坐我對面那位歐洲白人對我偷偷苦笑了一下，會議室裡可能一半的人都沒聽懂，畢竟一半的人都不是在美國出生、長大。不過很顯然，大家全都咬牙撐了過去。堅決不表態或許是人類的生存共識。

當然，我的確碰過連美國人都聽不懂的俚語，唯一不同的是他們敢問，因為他們知道哪些該懂，哪些不該懂。我們卻連哪些不該知道都不知道。因為不敢問所以一輩子憋著，算是職場另類傷害。

••••

同樣地，混了一輩子，我仍然害怕聽美國人講笑話。他們的大腦和我們真的不一樣。明明不好笑的笑得天翻地覆，明明有點好笑的鴉雀無聲。

每次聽美國人講笑話，即使懂了也不曉得該不該笑。不懂的原因很複雜，他們不會想到你可能不了解笑話的背景，所以我都察言觀色其他人的反應，配合著一起笑，同時密切注意何時該停，不笑過頭。一枝獨秀很危險，講笑話的人會感激地看著你的眼睛繼續講，你會成為他的注意焦點。

有時候決定要跟著笑，也得注意不要搶先，等個半拍比較安全。不要一馬當先才發現別人都還沒笑。那就像騎機車一馬當先衝出去卻根本還是紅燈。

若真是發自內心非笑不可了，記得大略笑一笑就好，不要太入戲，否則看你笑得開心暢懷，他又會講一個還是聽不懂的笑話。然後美國人又死愛說話，肯定沒完沒了。所以當然了，一對一的時候，盡量不要走上講笑話這條路，因為你沒有參考指標。

最後一個聽美國人說話的眉角是，如果他形容一件很特殊的經歷，不管有沒有聽懂，只要偶爾回個 wow 就不會太離譜。這個字的力量巨大絕倫，丟出手永遠不會錯。

現在想一想，無論同事說的是我少了一個兒子、我少了一個輪胎、我掉了一顆牙，回應如果都是 wow，仍然不會太離譜。

在這裡過日子，一個「聽」字和一個「笑」字都可以搞得這麼複雜、這麼有學問，或許是很多人來美國之前始料未及的。

一路失敗著，就這樣我也混了一輩子。

ACROSS 078

我失敗的美式生活：鱸魚的三十年日常觀察與非典型剖析

作　者—鱸魚
責任編輯—陳詠瑜
行銷企畫—林欣梅
校　對—聞若婷
封面設計—FE工作室
內頁設計—張靜怡

總編輯—胡金倫
董事長—趙政岷
出版者—時報文化出版企業股份有限公司
一〇八〇一九臺北市和平西路三段二四〇號三樓
發行專線—（〇二）二三〇六—六八四二
讀者服務專線—〇八〇〇—二三一—七〇五
（〇二）二三〇四—七一〇三
讀者服務傳真—（〇二）二三〇四—六八五八
郵撥—一九三四四七二四時報文化出版公司
信箱—一〇八九九臺北華江橋郵局第九九信箱
時報悅讀網—http://www.readingtimes.com.tw
電子郵件信箱—newstudy@readingtimes.com.tw
時報出版愛讀者粉絲團—https://www.facebook.com/readingtimes.2
法律顧問—理律法律事務所　陳長文律師、李念祖律師
印　刷—勁達印刷有限公司
初版一刷—二〇二四年一月十九日
初版四刷—二〇二四年七月十七日
定　價—新臺幣三八〇元
（缺頁或破損的書，請寄回更換）

時報文化出版公司成立於一九七五年，
一九九九年股票上櫃公開發行，二〇〇八年脫離中時集團非屬旺中，
以「尊重智慧與創意的文化事業」為信念。

我失敗的美式生活：鱸魚的三十年日常觀察與
非典型剖析／鱸魚著. -- 初版. -- 臺北市：
時報文化出版企業股份有限公司, 2024.01
288面；14.8×21公分. --（Across；78）
ISBN 978-626-374-700-5（平裝）

1. CST：文化　2. CST：社會生活
3. CST：美國

535.752　　112020420

ISBN 978-626-374-700-5
Printed in Taiwan